久保マサヒデ

本物のビジネス英語力

講談社+α《プラスアルファ》新書

まえがき

皆さんの中には海外を積極的に飛びまわって仕事をしてみたい、外国人と対等にやり合って仕事をしてみたいと憧れを持たれる方も多いと思います。でも、そのためには相当に英語力がないとできないだろうなとか、ビジネス英語を十分知っていないと無理だろうとか思っていませんか？

書店に行くとそれこそ山のようにビジネス英語のノウハウ物の本や英語力アップの指南書が溢れていて、語学コーナーに行くだけで目がくらくらしてしまいます。筆者は２０１３年まで19年間ロンドンで仕事をし、そのうち15年をドイツ系の銀行のロンドン支店で唯一の日本人として生きてきましたが、自分の経験から言うと、英語はあくまでも情報伝達のためのツールでしかなく、しかもビジネス英語とは単に日常で使う英語の延長でしかあり得ないと強く感じます。「ビジネス英語」と仰々《ぎょうぎょう》しく名づけて難しく解説している本もありますが、そういう本に出てくる英語はビジネスの場だけではなく、たとえば海外で生活する中で、自分の住むアパートを管理する不動産業者と話したり、ガスや電気、電話会社と話したり、どこかの動物園の年間会員になる手続きをしたりするなど、意識せずともいろんな場合に自然に目に耳にします。そういうものは、「ビジネス英語」なんて特別扱いして構えて勉強しなくても日常に使う英語の延長線で自然と身につくものです。

もちろん英語がある程度わかっていることは重要ですが、海外で成功するにはそれが決定打にはならないのです。上達の早い、遅いは個人差があるでしょうが、それが成功の秘訣ではなくあくまでもスタート地点の違いでしかありません。その後の挽回はいくらでも可能なのです。資格試験には英検やＴＯＥＩＣなどがありますが、英検１級を持っていてもＴＯＥＩＣで満点を取っていても、海外で成功できるわけではないのです。

海外で成功するために必要なもの、それはずばりコミュニケーション能力です。海外の英語圏や欧米に居住すれば朝から晩まで英語に囲まれているわけですから、接する量が増えれば増えるだけ誰でも上達します。むしろ国際社会では英語力よりも交渉力やコミュニケーション能力に勝るほうが有利であるということを理解していただきたいと思います。

筆者は学生時代を含めればこれまでの人生の半分を海外で過ごしてきました。でも英語は皆さんの多くと同じように義務教育の中学生の時にＡＢＣから始め、初めて海外に出た時にはずいぶん苦労しました。その後日系企業の国内勤務、日系企業の海外駐在員、そして外資系企業の海外拠点および日本拠点と全く視野が異なる４つの立場で色々な失敗や経験をして比較ができたこと、ヨーロッパ、アメリカ、アジアのたくさんの人と接することができたことから、外国人とビジネスをしていく上でのたくさんの自分なりの秘訣と思えるものを学んできました。

もちろん同じような経験をされている日本人の方は世界各地にたくさん居《お》られますし、それぞれ違った経験から得た独自の秘訣を持っていると思います。加えて、筆者の経験の大部分はロンドンでの経験ですので、本書で述べることはヨーロッパでの視点に立っており、アメリカやアジアなど他地域に居られる方は当然異なる経験をお持ちだと思います。ですから本書の内容が全てなどと大それたことを言うつもりはありません。でもおそらく多くの同じような経験をされている方も「ああ、あるある」と共感を覚えていただけることもあるのではないかと思います。

いずれにしても、筆者が本書で述べた秘訣を実践し、ヨーロッパの競争社会で生き残れたことは間違いありません。これから海外に出ようかと考える方の意識形成の一助になれば幸いです。

◉目次

第一章　基本的な心構え

外国人も同じ人間

まずは外国人と接する時に何よりも大切な基本として意識することだと思いますが、相手が外国人であろうと、言葉が英語であろうと、相手は我々日本人と同じ人間であるということです。使う言葉が違うだけ、意思疎通のやり方がちょっと異なるだけであって、中身は同じ人間。あたかもなにか特別な人に接するように意識して、必要以上に緊張したり、態度を変えたりする必要はありません。日本人に接する時と同じ気持ちで臨み、それにプラスして相手のやり方を理解して順応し、応用するだけであって、何も新しいことを覚えるように難しく考える必要は全くないのです。

外国人と接することに慣れていない人は、外国人とコミュニケーションをとろうとしても、相手の雰囲気や態度を見て気後れしたり、何をどう話したらよいかわからなくなって頭が真っ白になってしまうことがあると思います。相手は日本と異なる文化や習慣の中で生まれ育ってきたわけですから、ちょっとした言い方ややり方が日本人とは異なり、面食らったりするかもしれません。でも慣れてくると、「なんだ大したこと言ってないじゃないか」、「なんだそんな程度のことか」と理解するようになり、特別意識をしないようになります。

なによりも重要なのは、外国人だからといって変に意識せず、常に誠実に正直に接することだと思います。ビジネスをする上でもビジネスライクといいながら、最後は相手の懐《ふところ》に飛び込めたほうが深い信頼関係を築くことができ、国際的に通用する日本人になることができるのです。相手の懐に飛び込むためには、相手の気持ちをこちらに対して開かせなければいけません。そのためには常に相手の気持ちを考えて誠実に接することです。相手も人間なのですから、いくらビジネスとはいえ、信頼できない人とは仕事をしようとはしません。この辺は相手が日本人の場合と全く同じだといえます。

文法や発音は気にしない

英語は情報伝達のツールでしかなく、正しい文法や発音ができたところで、情報伝達の仕方や中身がないと国際社会では通用しません。筆者の勤務先は人種の坩堝《るつぼ》であるロンドンにあったこともあり、様々な国籍の人が居ました。イギリス人の他、インド人、コロンビア人、アメリカ人、カナダ人、中国人、ドイツ人、フランス人などなど。また取引先はヨーロッパ各国の人ですので、それぞれの国の人と常日ごろ話をしました。全て共通語である英語でコミュニケーションをとりますが、どこの国でもそれぞれ自国の言葉の訛《なま》りが混じった英語をしゃべります。筆者もきっと日本語訛りの英語でしゃべっているのは間違いありません。

英語が上手《うま》い人もいれば、上手くない人もいる。訛りが強い人もいれば、強くない人もいる。その中で筆者にとって最も訛りが強烈でわかりにくいのはフランス人とインド人です。特にインド人の英語は慣れないと英語に聞こえないほどひどい。誤解のないよう申し上げますが、決して差別するつもりはなく、筆者にもフランス人、インド人で仲の良い友人や同僚もいます。でも正直彼らの英語は非常に聞きづらい。慣れるまでには随分時間がかかりました。

筆者の上司の一人にフランス人の役員がいます。フランス人の友人をお持ちの方は理解される方も多いと思いますが、フランス人はみな愛国心が強く、フランス語にも誇りを特に強く持っています。それは素晴《すば》らしいことなのだけど、いかんせんこのフランス人役員の話す英語は非常にフランス語訛りが強く、しかも会話や文中にところどころフランス語の単語が混ざります。英語学校の先生からしたら、文法はめちゃくちゃ、発音やイントネーションはフランス語そのままで、英語の試験では決して良い点は与えないでしょう。メールで指示を受けて、何回読んでも何を言ってるのかわからないので、イギリス人の同僚に聞くと彼らも何を言っているのかわからないと言うことがある。でも彼は役員として君臨し、チームを率い実績を残している。何故でしょうか？　それは彼が常に自分の考えをはっきり持っていて、それを伝達する強い意志があるからだと思います。上司であるという立場もありますし、彼が何か言おうとすればたとえ英語がわかりにくくても、我々部下は一生懸命聞いて理解しようとします。「英語力」という観点からは低いが、「ツール」としての英語を見事に使いこなしている例だといえます。

一方、筆者の知り合いで、幼少から海外で過ごし、ものすごく英語の上手い仲間がいました。帰国子女で、当然のごとく入社時から将来の海外駐在員として期待され、後に期待通りロンドン支店に派遣されました。彼の英語は相当なもので、発音は日本人とは思えないほど上手い。後ろを向いて聞いていると間違いなく外国人がしゃべっていると思わせるほど、日本語訛りは全くなく完璧な発音でしゃべっていました。ＴＯＥＩＣを受けたらハイスコアを取れるでしょう。ところが彼は海外で成功できませんでした。何故でしょうか？　彼は英語はめちゃくちゃ上手かったのですが、話す内容が常に薄かったのです。彼は自分の英語に酔っているくらい自信を持っていましたが、英語を使うだけに満足してしまい、情報伝達の中身であるべき仕事がおろそかになっていました。ロンドンに来ても遊びまわっていたので、友人はたくさんいて楽しい生活はしていたのでしょうが、業務的には戦力にならないということで、あれだけ英語が上手いにも拘《かか》わらず非常に低い評価を受け日本に帰って行きました。前述のフランス人役員のケースとは逆に、「英語力」はあっても「ツール」として使いこなしていない例だといえます。
この二つの例からも、「英語力」は海外での成功に直結していないことがわかると思います。

国籍や学歴、年齢、肩書は重要ではない

海外でのコミュニケーションでは国籍や学歴、年齢は重要ではありません。こちらがアジア人だなというぐらいは認識するでしょうが、それ以上突っ込んで日本人なのか、中国人なのか、韓国人なのかといった国籍のちがいはビジネスの中では相手にとっては重要ではないのです。仕事の中身が重要なのであって、日ごろヨーロッパの中だけでも、多くの異なる人種や国籍、習慣の人々と交わっていますし、社内にもいろんな国籍の人が働いている。人によっては母親と父親、祖父母の国籍などによって自身の国籍を3つも4つも持っている人も珍しくないので、いちいち相手がどこの国かを判別するという意識が強くない、というか必要ないのです。

日本にいると、「日本はアジアの中心であるか」とか「日本は中国や韓国に負けないか」などという議論をよく見ます。でもヨーロッパにいる立場から見ると、アジアの中心はどこでもいいのです。ご存知の方も多いと思いますが、世界地図は国によって描き方が

異なりますね。日本で目にする世界地図はアジアが真ん中に描いてある。ヨーロッパの世界地図を見ると当然ヨーロッパが中心に描いてあります。その中では、日本は一番右端のすみっこに描いてあります。ヨーロッパの視点からすると、日本はあくまでもアジアの極東にある小さな国でしかなく、日本人が自身で意識しているほど世界の中の主要大国ではないのです。ただし、経済的に世界との交流が活発で、海外志向の強い人はどんどん海外に出てきていますから、日本人は重要な顧客だったり仕事のパートナーであったりします。でもそれは「日本人だから」ではなく、「たまたま日本人だった」と理解するべきでしょう。中国人が進出してくれば、当然中国とのビジネスが、韓国人であれば韓国との取引が増えるわけで、どこの国かは意識しません。

もちろん、法制度が整っているかとか、税制がどうなっているか、執行能力があるかなど国ごとにリスクの度合いを見たりして、取引相手としてふさわしいかという業務上の必要性からの国籍は勘案しますが、ビジネスコミュニケーション上は、国籍はあまり意味を持ちません。

国籍があまりコミュニケーションの中で意味がない以上、学歴はもっと意味を持ちません。日本でも状況は同じようになってきていると思いますが、イギリス人の間で、ケンブリッジやオックスフォード出身だと言っても、仕事上のメリットがなければ、それ以上コミュニケーションが発展することは期待できません。相手も同じ大学出身であれば、コネクションという面では有利かもしれませんが、だからといって必ずしもビジネスに有利に働くというわけではありません。日本の東大出身だ、京大出身だ、などと言っても意味がないのは言わずもがなです。

学歴について唯一意味を持っているとすれば、それは博士号を持っているかMBA（経営学修士）を持っているかという点であると思います。博士号の場合は、専門知識を多く持っているとみなされますし、MBAの場合も将来経営を担う立場になったときに必要な経営学の基礎を学んでいるとみなされます。ただし、どこの大学のMBAでも良いわけではなく、やはりヨーロッパで何番目、世界で何番目というレベルの高い大学であれば、必然的に有利に働きます。この点、日本の大学もMBA制度を導入していますが、世界の中では、アメリカやヨーロッパに比べると、まだまだ評価が低いと思われます。また、博士号を持っている人は、自分の名刺の名前の頭に、博士号を示すDr.、あるいは名前の後にPhDと表示している人が多く見られます。MBAを持っている人も、特にドイツの企業を中心に、名前の後にMBAと表示している人が多く見られます。筆者もロンドン大学のMBAを持っておりますので、名刺の名前の後にはMBAと表示をしていました。名刺交換をすると、よく「どこの大学のMBAですか」と聞かれ、そこから話題が広がったものです。

同様に、コミュニケーションの中で相手の年齢は全くといっていいほど焦点はあたりません。日本では、相手が大体いくつくらいの年齢なのかを意識し、社内で役員なのか、部長なのか、課長なのかによってこちらのどのレベルの人が会うかなど対応を変えたりすることもあります。それはこれまでの年功序列の影響で、ある程度年齢により会社内での地位が推測できるからだと思います。しかしながら海外では年齢に拘わらず実績のある人間はどんどん昇格していきますので、相手の年齢を知ることは全く意味を持ちません。

また肩書も海外では日本ほどこまかく地位が分かれていないことも多く、たとえば筆者の勤務先では役員（Board of Directors）の下に部門長クラスであるManaging Directorがいます。その下はSenior Vice President, Vice President, Assistant Vice Presidentという肩書があるものの、ほとんどの同僚がSenior Vice PresidentかVice Presidentであり、誰が誰の上司なのか、という判別が日本ほど容易にできません。しかもこれはヨーロッパ式の肩書の付け方であり、アメリカでVice Presidentなんて言おうものなら、「副社長」か下手したら「副大統領？」なんて受け取られたりします。でもヨーロッパでは「課長」ぐらいのレベルでしかないのです。笑い話になりますが、以前国内の日本の知人とやりとりしていた時に「若いのに随分ご出世されて」などと言われてなんの事やらと思っていたら、よくよく考えると相手は筆者の「Vice President」という肩書を見て「副社長」に昇進したと勘違いしていたらしく、実際は単なる「課長」なのに、という事がありました。日本で目にする英語はアメリカの英語ばかりですから仕方ないのですが、肩書を重視してはいけないという一例です。

外国人にとって肩書といえば、役員であるかないかが関心に上がる程度でしょう。それは仕事をする上で決裁権限を誰がどのくらい持っているかが関心の的なのであって、相手の地位の上下関係や、自分の地位との比較なんて相手の頭の中にはないのです。

上下関係のとらえかた

日本では上座、下座という概念がはっきりしていて、タクシーの中での座り位置、会議室や宴会の席での座席位置、エレベーターの中での立ち位置なども上下関係によって明確に決まっています。目上の人に対しては敬意《リスペクト》を払い、それを行動の中で目に見える形で表しているのだと思いますが、外国人との関係では日本ほど上下関係という意識がありません。たとえば上司と一緒に行動している時に、部下が常にドアを上司のために開けてあげるとか、常に上司を先に行かせるとか、日本では当たり前ですが、海外の生活においてはあまりありません。さすがに自分の会社の役員ぐらいのレベルの人と一緒であれば気を使いますが、そうでなければ部下が率先して上司のために動くということは稀ですし、上司もそれを期待してはいません。自分でさっさとドアは開けるし、自分で閉める。それが自然なのです。

ある時筆者は上司と二人で飛行機で出張する機会がありました。会社のチームに所属する秘書の女性が航空券を手配したのですが、上司と筆者は別々の便から途中で合流する出張だったためバラバラの航空券を手配することになり、何故か筆者がビジネスクラスで上司がエコノミークラスの席を割り当てられたことがありました。日本だったらどうするでしょう。まず間違いなく自分と上司の席を交換するでしょう。筆者も自分が上司より良い席に座るというのは気持ちが良いものではなく、その上司に席を交換することを申し出ましたが、「そんなの気にしなくてよい。自分だったら全く気にもかけないが、そう気を使うのは君が日本人だからだね」とやんわり固辞されました。数時間の飛行時間中お尻がもぞもぞして、居心地悪かったのを覚えています。また自分の会社の役員に声をかけるとき、Mr.などと敬称をつけて呼びません。初対面でなければ常にファーストネームで呼ぶのが普通で、「そんな偉い人をファーストネームで呼ぶなんて」と最初は若干抵抗がありましたが、まわりの外国人は全員そう呼んでいるし、役員のほうも当たり前のように応えている。これも筆者は慣れるまでは落ち着きませんでしたが、今では皆と同様に彼らをファーストネームで呼んでいます。

取引先に対しても同様のことがいえると思います。さすがに同じ会社の上司に対するよりは気を使ってドアを開けてあげたり、タクシーでも先に席を譲ったりしますが、ミーティングの場では上座、下座というのは意識しません。日本では部屋の奥の席に取引先を誘導しますが、海外では自分の好きな席に座ります。取引先を訪問して、部屋に案内してくれる秘書の女性にしても、「奥へどうぞ」などとは言わず、単にドアを開けて「お好きな所へどうぞ」という感じです。何回も会っている取引先であれば、こちらの会社と相手の会社の人間がごっちゃに座るなんてことも珍しくありません。

さらに、ミーティングの場では日本のように秘書がひとりひとりにお茶を出すのではなく、部屋の片隅にお茶やコーヒー、水とカップがまとめて置いてあって、自分で好きなものを注ぐというセルフサービスが主流です。その場合も取引先に対して「何かお飲みになりますか」とは聞きますが、必ずしもホスト側が取引先のために注いであげるわけではありません。「自分でやるからいいです」と取引先がさっさと自分でカップを持ち、自分でポットから注いで自席に戻る。場合によってはお客であるはずの顧客が自分で自分のコーヒーを注ぐついでにこちらのコーヒーも注いでくれたりする。でもこれも自然なのです。

このように、日本ほど上下関係を意識して気を張らなくてもよい、というのが海外での習慣ですが、必然的に中には相手をリスペクトするという気持ちを忘れてしまう連中も出てきます。特に、日本のように上下関係を意識した礼儀をしっかり会社の中で教育される機会のない若い世代では、相手が上司や取引先であろうと、無礼な振る舞いをして平然としている、あるいは無礼をしているという認識がない若者が増えているのも事実だと思います。相手が自分より目上であるのに、あたかも同じ年の同僚かなにかと勘違いしているようで、たとえばこちらが先に帰る時に「お先に」などと声をかけても、振り返ることもせず自分のパソコンの画面を見たまま返事をしたり、なんてのはザラです。「なんだこいつ」と不快に思いますが、後で損をするのは彼ら自身です。日本のように上下関係を意識した行動を厳密にする必要はありませんが、相手に対するリスペクトが感じられない行動をするのは決して褒められたものではありません。

日本人は外国人と比較して、上下関係を意識する癖がついているのですから、海外の習慣にうまく融合して、不自然にならない形でさりげなく上司や取引先に配慮をすると、気がつく人はちゃんと気がつきます。そういう習慣がなくても、相手を新鮮な気持ちにさせたり、気分よくさせることに繋げることができれば会話が弾んだり場の雰囲気が良くなったりすることにもなるのですから、「外国人相手だからやらなくてもよい」と考えるよりは、逆にさりげなく意識させることによって、他の外国人と差別化されることになり相手に自分の存在を印象付けることができると思います。

相手は外見よりも中身を見ている

コミュニケーションの中で、相手はこちらのどこを見ていると思いますか？　日本では、重要な取引先に会うときは、ピシッとしたワイシャツに背広を着て会いますね。第一印象を大切にするという観点からは基本的には海外でも初めての人に会うときは同じです。でもたとえ相手が役員であろうと、自分の会社の社長だろうと毎回ピシッとした背広を着るとは限りません。海外では日本以上にドレスダウンと称して背広やネクタイでなく楽な格好で仕事をする習慣が広まっているので、たとえ顧客とのミーティングがあろうが「わが社はドレスダウンがポリシーなので」と断れば相手も不快に思うこともないし、逆に顧客が背広を着ずにこちらに会いに来ても失礼と感じることもないのです。背広はあくまでも「洋服」という「ツール」でしかないわけです。以前筆者が日系銀行の駐在員だった時に、イギリス人同僚は日本人の習慣では顧客に会うときは背広を着るというのを知っていましたから、日本から客が来ると言うと「明日は背広を着てこなきゃいけないんだろ？」と面倒くさそうに聞いてきました。

海外では基本的にはビジネスの話がうまくいくのであれば、結果を出せるのであれば、外見は関係ないということです。何年か前にイギリスでスーザン・ボイルという、それまでごく普通の人であった中年女性が歌手デビューしたのを覚えている方も多いと思います。彼女が最初、歌手発掘番組に出た時の会場の反応を覚えていますか。審査員を始め客席からも「こんなダサい格好したオバハンが何しに来た？　早く済ませて帰れ」みたいな冷たい視線が注がれていました。ところが歌いだした瞬間からあまりの声の奇麗《きれい》さと歌の上手さで、全員の表情がみるみる変わり、最後は割れんばかりの拍手と歓声で終わり、彼女は歌手デビューを果たしました。たとえ見かけが悪くても、実力があれば認められるという一例と言えます。

ただし、彼女の場合はダサくても認めさせる実力があったので成功しましたが、もし実力がなかったら、「それ見たことか」と散々な目に遭っていたでしょう。もし上品で奇麗な格好で番組に登場してそれで実力が無く落ちたら、そのほうが批判は少ないかもしれません。服装はまず初めに相手の視線に入る部分ですから、実力があるかどうかわからない段階では、より上品でピシッとした格好をしておいたほうが失点が少ないというのはあると思います。

筆者は、今でも自分の会社の社長に会うときや、取引先に会うときにはたとえ自分ひとりだけでも背広を着るようにしています。ヨーロッパ人の同僚の中には「なんでそんな面倒なことを」と思っている連中もいるようですが、相手からすると自分のために礼儀正しく接してきてくれると好印象を持ってもらえることから、コミュニケーション上多少なりとも有利に働いていると感じます。

ちなみに背広を着ないとしても、当然ＴＰＯを踏まえ清潔感ある服装をするのは常識でしょう。いくらドレスダウンと言っても、ノースリーブや過度の露出のある服装は避けるべきです。ビジネスの場で常識を欠いた服装であれば、コミュニケーションの中でも「この人は常識がある人なのか？」という猜疑心を抱かせてしまい、上手くいく話も上手くいかない可能性がありますので注意すべきでしょう。

外国人はビジネスライクという意味を正しく理解しよう

よく外国人は日本人よりビジネスライクだという言葉を耳にします。これは、取引先などと仕事をする場合、日本ではたとえ条件が悪くとも取引関係の深さによって融通を利かせてもらえる場合が多いのに対し、外国ではあくまでも取引関係よりも数字的条件の良し悪しが決定的要因になるということを言っていると思います。しかしながらこのビジネスライクという意味を正確に理解しないと、外国人の相手に対して間違ったアプローチをしてしまう可能性があります。

日ごろ何社ものヨーロッパの顧客と取り引きしていますが、取引によっては他の会社と案件をめぐって競合することは多々あります。その場合各社が条件を提示して、顧客はその中から1社を選ぶわけですが、純粋に提示されている中から最も条件の良いものを常に選ぶかというと、そうではありません。

取引関係の深さ、仲の良さによってたとえ条件が悪くとも、こちらの条件を呑んでこちらの会社を選んでくれる場合はよくあります。この場合先方は、たとえこちらの条件が競合他社より悪かったとしても、こちらの会社と取り引きする意義があると認めるからこそ悪い条件を呑んでくれるわけです。たとえば期日にきっちり間に合わせて調印ができるとか、契約書にまとめるドキュメンテーションの作業がスムーズにできるとか、付随した他のサービスを提供できるとか、言ってみれば「ギブ・アンド・テイク」が成立すると思えるからこそ受け入れてくれるわけです。従って日本で見るような「うちと御社の仲じゃないですかあ、そこのところをなんとか」というような一方的な理屈のない交渉はあり得ません。先方も採算を度外視してまで取引関係を優先することはないわけで、融通を利かしてもらいたいなら、それによって逆にこちらが何を相手にしてあげられるのかをはっきり示す必要があります。目の前の案件は採算が悪いが長期的にはこちらの会社と取り引きすることにより採算以上のヴァリューを得られる、メリットがある、という合理的な理由を理解してもらう必要があります。

そういう理解は、取引関係を深めてこちらのことを十分理解してもらい信頼関係が築かれてこそ初めて生まれるものです。時間をかけてコミュニケーションを深め、誠実に正直に接することによって先方の懐に入ることができるようになると、数字的条件だけでなく取引関係を考慮して取引をしてもらえる関係になります。

重要なのは、外国人も日本人と同じ人間であり、良い案件を数多く取れる鍵は先方の懐に入れるほどの取引関係を築くことであるということです。そこを理解せずに、取引をとるためには良い条件を出しさえすればよいと勘違いして接すると、真の信頼関係が無いために長期的な取引関係にはつながりません。それどころか先方の業況が悪くなった時に誠実に対応してもらえなかったり、トラブルになった時に平和的な解決ができなくなったり、コストと労力ばかりでメリットのない取引先になる可能性があります。

なお加えて言えば、たとえ悪い条件しか出せないとか、先方の要望に応えることが全くできなかったとしても、できないことはできないとはっきり説明すれば、それ以上相手が食い下がることはありません。日本の取引先では「そこをなんとか」と会社のポリシーを曲げてまでなんとかしてくれと配慮を求めてきて、断ると意味なく怒りだす人がいますが、それでは海外で通用しません。無理に配慮を求めるのであれば、当然それに対する合理的な説明を提供する必要があることを理解してください。

言い切った者勝ち

外国人と議論していると、みなそれぞれ自分なりの考えをきちんと持ち、常に遠慮なくそれを言い切っているのを目にします。場合によっては「どっちでもいい」というケースもありますが、その場合も「自分には関係ないから」などと遠慮なく言ってきます。たとえ彼らの考え方が明らかに間違っていたり、非常識だったとしても、決して臆することなく堂々と言ってくる神経の図太さは、見事とさえ思えます。聞いている側からすると、「そんなの明らかに間違っているじゃないか」と思えても、あまりに相手が堂々と主張してくるので、「実は間違ってないのか？」とさえ思えてしまうほどです。ビジネスに限らず、この自己主張の強さが良くも悪くも「自分中心」の社会をつくっているのではないかとも思います。言い換えれば「人は人、自分は自分」という意識から、人がどう思おうが、自分はこう信じるという強い意志が常に言動の背景にあるのだと思います。

たとえばロンドンの地下鉄も日本のようにラッシュアワーには超満員になることがありますが、たいていの場合ドア付近だけがぎゅうぎゅう詰めで、奥の方は余裕で新聞が読めるスペースが空いている場合がしょっちゅうです。乗ろうとするほうは「奥に詰めてくれ」と叫んでいるが、奥のほうの人は申し訳程度にほんの数センチ足を動かす程度で、後は知らん顔して新聞を読んでいる。彼らに言わせると、自分の目の前20〜30㎝は「パーソナルスペース」であって、人に強要されてまで投げ出すスペースではないのだそうです。それを真面目に言ってくる。「奥に詰めろ」とどなっている人も、一、二度言った後は諦めているし、逆に自分が奥に入れば同様に自分の前のスペースは確保しているわけで、それどころかドア付近のぎゅうぎゅう詰めの所でさえ、5㎝ぐらいのパーソナルスペースを確保して無理やり新聞や本を読んだりしているわけです。「そこまでして、そんな暗い窮屈な場所で新聞を読みたいか？」とも思いますが、それほどまでにパーソナルスペースというのは大切なものらしい。そしてそのパーソナルスペースを死守するというのが彼らの自己主張なのです。

また車を運転していると、無理やりに自分の目の前のスペースに入ってきたり、一番左の車線にいるのに、どうしても右側に曲がろうとしたり、ひどいケースになると、曲がる角を間違えた場合、バックしてまでも本来の角を曲がろうとしているケースもよく目にします。どんなに非常識でも、これも自分はそのスペースに入りたい、その角を曲がりたいという強烈な自己主張なのです。

あきらかに間違っている自己主張に出合った時、聞いているほうの現地人を見ていると、みなどんなに馬鹿げている内容であっても、一応ひとつの考え方として耳を傾けています。様々な人種の人が様々な国から集まっているので、価値観や個性が多様であり、それを当たり前としてまずは聞く。同意するか否かは別として、まずは話を聞いて、その上で反論するのです。頭ごなしに否定することは、よほどのことがない限りはありません。それ故、間違っていることでも、堂々と主張するわけで、それに対してNOと言う主張が弱いと、それこそその間違った議論が通ってしまうことになるわけです。前述の例でも、パーソナルスペースを固持した者、車の曲がる角や入るスペースに固執した者が勝つ、自己主張を通した者勝ち、言い切った者勝ちなのです。

本音と建て前をはっきり見極めよう

外国人との付き合いに慣れていない日本人がぶつかる問題のひとつに、外国人の本音と建て前を見極めにくいということがあります。外国人は自分に利害関係がない場合は、日本人より愛想良く振る舞いますので、一見するとこちらのことを受け入れてくれてこちらの言い分を聞いているように感じられますが、実は本心は全く違っているということがよくあります。海外に出る日本人は留学であれ駐在であれ、長くても滞在期間5〜6年という人が多いと思いますが、筆者の経験ではその程度の滞在期間では外国人の本音の部分を敏感に感じ取るのは難しいのではないかと思います。特に他国からの駐在員を相手にする外国人の中には、その駐在員を数年しか自国に滞在しない「お客さん」扱いしている人も少なからずいますので、そういう人々はあまり本心を見せようとしません。「そんなことはない、自分は外国人の友人と本音で付き合えている」という人も、もちろんいるでしょう。全員がそうだと言っているわけではありません。外国人の懐に飛び込めている人であれば、心を開かせ本音で付き合えている人もいると思いますが、そこまで飛び込めていない人が勘違いして、本音で付き合っていると信じ込んでいると、自分が痛い目に遭う可能性があることは留意したほうがよいと思います。

筆者の現地人の同僚でも、社内では自分たちの上司ととても親しげに話をしているので仲が良いのだと思っていたら、その上司がいない場では、ぼろくそにその上司のことを悪く言っている人がいてびっくりしたこともあります。またある同僚は、筆者といつも親しく話をしているのに、お酒が入ると「実は自分は日本人は嫌いなのだ」などと言いだす輩《やから》もいます。外国人は主張がはっきりしていて、言いたいことをはっきり言うという先入観がもしあるとしたら、実は外国人も案外ドロドロしていて、中には本音を隠している人も多いことは理解しておくべきかと思います。

日本では、同僚同士で飲みに行って上司の悪口を言い合ったり、愚痴をこぼしあったりすることがよくありますが、外国人同士ではほとんどそういう愚痴をこぼしあう機会を目にしません。プライベート上の仲間と仕事上の仲間を線引きしているとも言えますが、休日に家を行き来するような、プライベートでも付き合う関係になって初めて上司の批判を聞くような感じです。またたとえば、こちらが日本からの駐在員の立場で、現地採用の同僚の外国人と飲みに行ったとしましょう。まず間違いなくそういう場では彼らから日本人同僚や日本人上司の悪口を聞くことはありません。では彼らは何も不満なくハッピーなのかというと決してそうではない。日本人駐在員に比べて情報が回ってこないとか、給料が低いとか、日本人上司は頼りないとか色々な不満を持っているのです。でもうっかりそういう話をすると日本人同士で話が伝わり自分の立場がまずくなるかもしれない、という理由もあり簡単には日本人同僚にそういう本音の話はしません。

ここで誤解していただきたくないのは、外国人に対して常に疑ってかかれということではないということです。またこちらも彼らの真似をして本音を隠すべきということでもありません。重要なのは、本音と建て前が全く異なっている可能性もあるという事実は事実として理解をしながら彼らに接するということ、そしてあくまでも誠実に接することだと思います。相手の言動が本音なのか建て前なのかわからないとしても、こちらがあくまでも誠実に相手に接することによって信頼関係が築かれれば、彼らは本音を出してきてくれます。本音は出せと言って出てくるものではありません。相手が本音でしゃべってもよいと思えるような安心感を与えること、こちらが真正面から受け止めるという信頼感を与えることによって心を開いてくれるのです。

意思表示の仕方

昔から「日本人はNO」とはっきり言えないとか、「意思がわからない」という他国からの批判をいやというほど聞いてきました。残念ながら、海外に住んで海外の視点から日本人を見ると事実と認めざるを得ません。ただし、意思が無いのではなく、歴史的な理由や文化の違いにより、その表示方法が他国と違うだけだと思います。日本では相手の気持ちを察するとか、空気を読むとかがコミュニケーションの一部になっていますが、外国ではそういう考え方がないですし、自己主張を通した者勝ちの世界なので、意思表示がわかりにくいと、意思がないものと同義と捉えられてしまいます。

悪いことでは全くないと思うのですが、日本人は外国人以上にまわりに気を使う部分があるので、たとえばNOと言う場合でも、はっきり言ったらその場の空気を壊すのではないかなど変な遠慮をして、なんとなくごまかしてNOと言ったり、意味なく愛想笑いを浮かべたりして答えを留保しようとします。日本であればその雰囲気から答えがNOなのだなというのを相手が察するのですが、外国人にはそういう感覚がありません。また、答えがわからない場合でも、日本人はわからないと思われるのが恥ずかしいとか、嫌だとかの理由などから、なんとかごまかしてなにか答えようとする人もいます。これも外国人には無いコミュニケーションです。

一番重要なのは、まず初めにYESなのかNOなのかの結論を先に言って、それから理由を説明することだと思います。最後まで聞かないとYESなのかNOなのかわからないようなまわりくどい言い方はせず、まずは相手の質問に対して自分の意思を明確にし、その上で何故そういう考えに至ったかを理由付けるのです。長々と答えを述べた挙げ句、一体この人はYESなのかNOなのかわからないというのが最悪なのです。

外国人はNOであればはっきりNOと言いますし、答えがわからなければ、やはりはっきり「わからない」と言います。そしてその上で後で調べてから正式な返事を出すなり、答えがわかる他の方法を示唆したりします。相手もNOと言われても怒ることもなければ、雰囲気が壊れることもない。どんなに仲の良い相手でも一緒です。日本では残念ながらNOと正しく意思表示をすると、相手がそれに対して「なんでNOなのだ」などと意味もなく怒ったりする人もいるので、断るほうも必要の全くない気遣いや遠慮をしてしまうのでしょう。日本国内のコミュニケーションであれば、それでかまわないのですが、同様のコミュニケーション・テクニックを持っていない海外では通用しません。

ただし、ひとつ気をつけたいのは、NOと言う場合の言い方です。よく日本人で「はっきりNOと言わなければいけない」という点を意識し過ぎるあまり、相手や状況を考えなしに、ぶしつけにNOと言う人がいます。どうも中途半端に海外経験があって、自分は海外通だと自任している人に多い気がします。

外国人はNOとはっきり言いますが、それでも礼儀を持って、相手へのリスペクトを念頭に置きながらNOと言います。道端でのしつこい勧誘に対してNOと言うのなら話は別ですが、ビジネス相手とのやりとりなのですから、NOと言う場合もそれなりにきちんと相手の主張を聞いて理解してから合理的理由と共にNOと言う必要があります。単に直接的にNOと言うのではなく、まず相手の意見や考え方を聞くなかで、共感できる部分、同意できる部分を取り上げてはっきり評価し、その上でしかしながら自分の考えとは合わないという事を合理的に伝えるやり方は外国人によく見るパターンです。それをあたかもけんか腰のようにNOと言って、はっきり主張した気になっている日本人が残念ながら少なくありません。

外国人がNOと言うのを聞いていると、「あなたの考えは理解したが、残念ながら同意はできない（I understand / I appreciate your view, but I do not agree.)」という言い方をしたりします。相手の考えをひとつの考え方として理解はする、しかし答えはＮＯであるとして、一定のリスペクトを相手に示しながら否定しているのです。または必ず「残念ながら（regrettably / I regret)」とか「申し訳ないが（sorry for saying)」などという言葉を頭につけて、ぶしつけにＮＯと言うことはありません。不必要にカドを立てないためには気をつけたい言い方です。

筆者も以前、イギリス人の上司とある案件の方針について大きく意見が異なり、議論となったことがありました。お互い意見を譲らず、かなり激しい議論になりましたが、最後は筆者が前述したとおり、「あなたの考えは理解するが、同意はできない。しかしあなたは上司であり、決定権限を持っているので、私はこれ以上なにも言いません」と言って打ち切りました。激しいやりとりでしたが、そのときはお互いがそこで議論をやめ、その後も上司との関係は悪化しませんでした。自分の意見を真正面からぶつけながらも、カドを立てないように気をつけながら反論をした効果だと思います。

良い意味で鈍感になれ

これまで、自己主張をはっきりしても相手はそれをひとつの主張、ひとつの考え方として捉えるので、同意するかは別にして理解はしてもらえるということを書いてきました。見方を変えると、礼儀を欠いた言い方だったり、相手へのリスペクトが無い言い方をしなければ何を言ってもかまわず、何も言わないほうが損だということになります。こちらの主張をひとつの考え方として理解してもらえるということであれば、いちいち相手がどう思うかとか考える必要がないわけですし、みな各自がそれぞれ多様な考えを別個に持っている世界では、正しい考え方はひとつだけではないわけです。

そうであれば、前に書いた「言い切った者勝ち」のアプローチにも繋がりますが、自分の主張に対するいろんな評価に敏感になるのは無駄とも言えます。敏感であることを否定しているのではありません。むしろ敏感であるほうが、相手がこちらの主張を正しく理解していないと察することができれば、必要に応じて補足説明をしたり言い換えたりすることによってこちらの主張をはっきり理解してもらえる場合もあります。「良い意味で鈍感」というのは、あまり敏感になり過ぎず、自分の主張を出した後は、どーんと構えて堂々としているべきだということです。そのほうが自信を持って主張をしているように相手には映りますから、一定の説得力を得ることができます。

外国人は自信を持って出した自分の主張が通らないと、自分が間違っているかもしれないと考えるよりは「相手が理解する力がない」と考えます。ある意味傲慢で、パーソナルスペースに通じる自分中心の姿勢なので全て真似をしようとは思いませんが、そのくらい強気でいてもいいのではないかとは思います。どっちみち相手もそのぐらい強気で対応してくるのですから、同じくらい強気で返してもフェアということになります。

外国人はまず自分のメリットを第一に考えているのですから、相手やまわりのことを気にするのは二の次になります。ですから、日本人ほど他の人に興味を持ちませんし注意を払いません。逆に言えばまわりがどう思おうが、自分の知ったことではないという感覚なので、日本人ほど他人の目を気にしたり、まわりに恥ずかしいなどと思わないのです。同様に我々日本人が意識するほど、まわりの人はこちらを見ていないともいえます。そうであればまわりが自分をどう評価しているのかとか、視線をこちらに向けているのではないかなどと意識するのは実に無駄なことであるかがわかります。鈍感であっていいのです、そこまで誰も見ていないのですから。

謙虚に、かつ開き直れ

イギリスなどの第二次世界大戦の戦勝国では、残念ながら年配の人を中心に未だに日本人に対して根強い反感を持っている人が一部います。終戦記念日などが近づくとスーパーのレジなどで、こちらが日本人だと思うと物を投げてよこしたりぞんざいに対応してくることもあったりします。こういう例はごく限られた一部の人々だとしても、ビジネスの世界でも日本人が願っているほど、皆が日本という国を評価しているわけではありません。前に書いたように少なくとも日本をアジアの中心と思っている外国人はあんまりいないのが実情なのです。

そういう環境の中では、取り引きする相手全員に好かれることを目指すのは無理といえましょう。無理に好かれることを目指すと、あっちこっちみんなに良い顔を見せることになり、八方美人になる危険があります。そうすると必ずどこかで矛盾が生ずることになり、「あいつは調子の良いことばかり言って、信頼できない」という逆効果の印象を与えることになります。そうなるとそういう話は業界内で広まるのが早いですから、結局は誰からも信頼を得ることができないという状況に陥ります。これは日本人に限らない話です。かつての外国人上司の話です。彼は、誰にでも愛想が良く非常に良い人なのですが、「自分はいつも全員に愛されたいのだ」というのをポリシーとして公言しており、誰に対しても調子を合わせてきます。チーム内で誰かと誰かがギスギスした時でも、それぞれに対して「君のほうが正しい」みたいな態度を取りますので、結局チーム内ではこの上司は八方美人と捉えられていました。これでは、まわりの信頼を失いかねません。

そして、外国人にくらべると多くの日本人はどうあがいてもおとなしく映ります。どんなに英語ができたとしても、現地で生まれ育ったぐらい外国人化している人でなければ、英語力で外国人にかなうわけがなく、主張の仕方やタイミングで対等にやり合えるようになるまでには、長い時間がかかります。これはもともとの教育システムや文化、習慣が根本的に異なるのだから仕方ないことと割り切るべきです。そこで背伸びしたり不自然に真似したり演技したりすることはなおさら異様に映るだけであり、決して有効な対処法にはなり得ません。むしろそこは開き直って、逆に日本人としての良さで勝負することを目指したほうがよほど相手には新鮮かつユニークと受け取られるし、他の人との差別化を印象付けることができます。

言葉で劣っていても、心が伝われば懐に入り込めるわけですから、そして懐に入った者こそが真の信頼関係を築くことができるわけですから、開き直って謙虚に誠実に相手に接することが全ての基本だと思います。

プライベートはビジネスに優先してよい

日本では何かプライベートで問題が発生したとしても、仕事を休むとか早く切り上げて帰ろうとするのは、よほどの重大な問題でない限り難しいと思います。家庭で不幸があったとか、家族が事故にあったとか事件に巻き込まれたとかであれば、さすがに会議を欠席したり出張をキャンセルして誰か他の同僚に代わってもらうということもあるでしょう。でもそこまで重大な問題でなければ上司や取引先の理解を得られず、家庭を犠牲にせざるを得ないこともあります。ところが外国人は「そんなことで?」と思えるようなことでも仕事を後回しにしてプライベートを優先することがよくあります。

筆者の上司の一人であるイギリス人は毎日17時10分には決まって会社を退勤してしまいます。どんなに急ぎの相談があっても「明日にしてくれ」の一言。何故でしょうか。彼は毎日同じ時刻の電車に乗って帰りたいからです。確かに彼は遠距離から通勤していて、しかも彼の路線は30分に一本ぐらいしか電車がない。彼は早く家に帰りたいので、30分電車を遅らせるのも嫌で、その時刻になったら、部下がどんなに彼を必要としていようが帰るのです。またある時はドイツのフランクフルトにある本店での会議に出席のため出張したことがありました。会議が午後遅く始まるのでロンドンに戻ってくるのは遅くなるというのが事前にわかっていましたから、我々の感覚であれば1泊して翌日に帰ってくる計画にしておくなり、一番遅い便を予約しておこうと思います。ところが彼は夜そんなに遅くならない時刻に出る便を予約し、まだ会議が全然終わっていないのに「ロンドンに戻らなければいけないので、先に失礼する」と帰ってしまいました。まわりも「それじゃあ仕方ない」で済んでしまうのです。筆者から見たら「この上司は全然仕事をやる気がない」と思えるのですが、こういう点はまわりからの彼の評価には全く影響していないのです。

また別の外国人上司は、ある時2週間の休暇を取る予定になっていましたが、その休暇の前日午後4時半ごろ急な案件で話を聞こうとしたら、「私はあと30分したら（17時になったら）もう休暇なので、今からは話は聞けない。他の人に聞いてくれ」と平気な顔をして言ってきました。普通は翌日から休暇だったら、その前日は色々な案件を済ませておこうと多少遅くなるのも覚悟するのではないかと思うのですが、彼はもう退社時間の30分前から休暇モードに入っているわけです。筆者にはとても理解できる神経ではありませんし、他の同僚もうんざりした顔をしていますが、それでもこういう事は彼の評価には響かない。

こういう上司たちに限らず、外国人は自分が休暇を取ると言ったら、どんなに仕事が忙しくても絶対予定通り休暇を取ります。帰る予定があると言ったら、どんな会議でも断って帰る。たとえそれが自分の部下や上司からの依頼であっても。そして休暇中に他の同僚に仕事を肩代わりしてもらうことに対しては「申し訳ない」という気持ちはあまり持ちません。自分は休暇という当然の権利を行使しているまでで、文句を言われる筋合いはないと考えるからです。皆がそういう考え方なので、まわりも文句を言わずそれで通用してしまうのです。確かに結果さえ出していれば、その過程については何をしていようと、どうやっていようと文句を言われることはないのですが、日本人の感覚からしたら理解に苦しみます。

筆者はどうしてもそこまで真似する気になれず、休暇を取るタイミングは仕事の状況を考えて決めます。取ったら取ったで自分の仕事を一部休暇先に持って行ったりします。でも外国人からするとそういうことをするのは「クレージー」だと言われます。ところが「クレージー」と人のことを言いながら実は当の本人も自分の休暇中に仕事を持っていってやっていたりする人もいるのです。当人にさりげなく皮肉を言ってみると、「私もクレージーだから」とケロッとしている。要はプライベートはビジネスに優先してよいのですが、実は優先しているようでいてちゃんと仕事をやっている外国人もいるということです。

ある時、筆者の知り合いのイギリス人がヘッドを務める会社の部内慰安旅行に招待されて参加したことがありました。旅行中最後の晩は皆夕食後、宿泊していたホテル内のバーでの飲み会で盛り上がりました。筆者は早々にダウンしてホテルの部屋に戻りましたが、その知り合いのイギリス人ヘッドは夜中3時ごろまで飲み続け、最後はベロベロになってロビーのソファで寝込んでしまったそうです。どうやっても起きないので、まわりも仕方なくそのまま彼を放っておいて部屋に引き上げたらしい。ところが翌日の朝食後その会社の人々はチャーターしたバスで会社に直行する予定になっていたのに、彼の姿が見当たらない。遅くなるので一同は「きっと彼は後でひとりで来るだろう」と彼を置いて二日酔いのなか会社に戻ったそうです。会社に着いてみると朝3時ぐらいまで飲んでソファで潰れていたはずの彼がもう既に出社してひとり仕事をしていたそうです。どうもその後目覚めたら朝食もそこそこにひとりで車で会社に戻っていたらしい。「ちょっとやる事があったのでね」とニヤッと笑って平然としていたそうで、一同は啞然《あぜん》。遊んでいるようでいて、やるべき事はしっかりやっている人もいるという一例であると思います。

休暇だからとか、プライベートの用事があるから、と仕事を後回しにしても問題はないのですが、当然その分仕事は遅れます。ですから仕事熱心な外国人は表面上はプライベートを優先しているように見せておいて、実は自分のやるべきことはやるべき時にやっていたりするのです。夜遊んでいるように見えても、実は朝早く起きて仕事していたりする。その辺を見極めず単純に目に見える部分だけを真似していると、後で自分が苦労するということは理解しておいたほうがよいと思います。

日本人ならではのきめ細かさや根回しで勝負しよう

先に「日本人の良さ」で勝負することを目指そうと書きました。では日本人の良さとは何でしょうか。長年日本人と現地人のビジネスにおける姿勢の違いを見ていると、最も大きく異なるのは、きめ細かさであると思います。一般に日本人は勤勉であるという評価は世界でも定着していると思いますが、これは単に長い時間働くということだけではなく、やるべきことを丁寧にきっちりやるという面の評価が含まれていると思います。外国人で日本人ほど堅実に几帳面に業務に取り組み、期日を正確に守る人はそう多くはないですし、逆にできている少数の外国人は間違いなく皆成功しています。日本では会社に入ればそういう基本は徹底的に鍛えられますが、外国では日本のようにしっかり組織だって鍛えるシステムがないので、できない人のほうが多いのです。よって日本人にとっては、外国人と一緒に働いた場合に最も容易に彼ら以上の仕事ぶりを社内や取引先に印象付けることができ、言葉のハンディを挽回して高い評価を得ることができる強みであると思います。

ではきめ細かい仕事とは、具体的にどうすればいいのでしょうか。

以下に挙げることは、筆者が実践してきて良い評価を得ることに繋がったと思える事例です。日本で普通に仕事をしている方から見れば、これらは全く難しい事ではなく日本では当たり前と思われることですが、筆者の経験では現地人は「そこまでするのか」とか「そこまでは到底真似できない」と何故か最初からあきらめてしまいます。現地人たちが真似してこないのを幸い、うまく差別化を図り、ユニークな印象を与えることができたのです。

(1) 個人的なデータベースを作り常に手元に持っておく

日常の業務では、いつ本部や上司、取引先からどんな照会があるかわかりません。その時に、基本的なデータを常に手元に用意しておけばいつでも即時に回答を返すことができます。現地人は几帳面にそういう個人的なデータベースを作って用意し、地道にアップデートしておくということを面倒くさがるので、照会を受けて初めてファイルをあちこち探し回るとか、他の人に聞きまわったりします。頭にデータが入っていれば理想的ですが、何十件もの取引案件をこなしている身では、細かい事を全て覚えておくのは不可能です。紙1枚のサマリー（要約）でいいのです、少なくともすぐに回答を導き出せるようなサマリーを持っておくだけで、外国人同僚よりもかなり早い時間でリスポンスを出すことができます。筆者はいつも自分で、自分の担当案件の一覧と概要をまとめた表をエクセルで作り手元に持っています。また各取引案件ごとに個別に1枚ずつサマリーを作って、これも一緒に手元に置いてあります。これによりいつ誰から照会があっても、それを見ればたいていの情報はそこに書かれていますから、即時に求められた答えを出すことができます。

そのうち皆何か情報が必要な時は、筆者のところに来るようになりました。何か情報が必要になった時に「あいつに聞けばすぐデータが出てくる」と思わせたらしめたものです。

(2) リスポンスは常に早くする

何事においても、迅速なリスポンスは確実に信頼を得る近道です。もちろん迅速さを追求するあまり、中身がないリスポンスや間違ったリスポンスをしても意味が無いのは当然ですが、そうでない限りは真摯にリクエストに応えようとしているという印象は与えます。ちなみに、ある日本人スタッフは、リスポンスが早いのはいいのですが、常に結論を急ぎすぎ、結果として中身のない回答をして不評を買っていました。たとえば、海外の支店から「こういう案件は日本でできるか」あるいは「こういう場合は日本のマーケットではどう対応できるか」などの照会が来ることがありますが、この日本人スタッフは常に「それはできない」、「それは無理だ」などと即座に返事をしていました。筆者であれば、どのような理由でできないのか、どの点を改善すれば、どのような取引先が興味を示す可能性があるか、までを含めて返事をします。しかしこの日本人スタッフは、単に「できない」という返事しかしないので、海外の同僚からは「彼は本当に日本のマーケットのことをわかっているのか」と不満が積みあがり、結果として「彼には今後話を通さないでくれ」と上司に依頼がきたほどです。早いだけのリスポンスだけでは逆効果であることの典型例だと思います。

また社内で上司などから各担当者ごとになんらかの報告書やレポートを提出するよう求められ、期限を切られることが多くあります。この場合たとえ提出期限が1週間後、1ヵ月後だったとしても、リクエストを受けた翌日や数日以内などとにかく迅速に提出するよう努力すると良いでしょう。外国人は期日に間に合って提出すればよいと、たいていは期限ぎりぎりまで何も作業せず、期日当日に出す人がほとんどです。「期日に間に合わせさえすれば何も間違っていないはずだ」という彼ら特有の考え方で、それはそれで与えられたリクエストに応えているわけですから問題ないのですが、言葉にハンディがある我々日本人が彼らと同じ事をしていてはいつまでたっても彼らを追い越すことはできません。常に真っ先に提出をすることで、仕事に対して真摯に取り組んでいる姿、やる気を持って取り組んでいる姿を印象付けることができるのです。

筆者の上司のフランス人役員は、何か部下に質問を投げると24時間以内に返答を求めてきます。また我々が他の内部の人間や外部の人に対してリスポンスをする場合でも、依頼を受けてから24時間以内にするよう指導してきます。たとえ出張に出ていようと、長い会議に出席していようと、今の時代スマートフォンやモバイルPCで出張先のホテルから、あるいは空港で飛行機を待っている間や会議の合間や後などにメールをチェックし、24時間以内に適宜《てきぎ》返事を送るのは容易にできるはずであるという考えから、休暇で長期不在にする以外はメールの不在通知の設定も禁止されているほどです。うっかり設定して彼にその通知がメールで届いた際にはこっぴどく怒られるほどです。筆者としては、言いたいことはわかるが、メールの不在通知設定の禁止はやりすぎであるとは思います。取引先によっては緊急に返事を求めてくる場合もあり、24時間でも待てない場合があるので、長い会議や出張の移動中など数時間連絡が取れない場合は、メールの不在通知を設定し、何時まで連絡がとれないのか、その間の緊急の連絡は代わりに誰にしてもらったらいいのかを指示したほうが気が利いていると思うのですが。ただこの方法はこの上司の下《もと》では許されないので、自分が数時間連絡が取れない間に連絡してくる事が予想される相手に対しては、あらかじめその旨をメールで連絡することにしています。

ちなみに以前まだメールという手段がこの世になかった時代だと思いますが、筆者が休暇で日本の実家に長く帰省していた間に、親密な取引先が何かの照会のため筆者の会社に連絡をしてきたことがありました。筆者は不在なので、留守番電話に伝言を残したのでしょう。ところが通常すぐに筆者から返事がくるのに、その時は数日経っても返事がこないので、なんとその取引先は筆者の上司に「いつも彼からはすぐに返事がくるのに、今回は数日こない。彼の身に何か起こったのではないか。彼は大丈夫か」と心配して電話をかけてくれたそうです。常にリスポンスを早くすることによりそこまで信頼感をもってくれたことを嬉しく感じた記憶があります。

(3) 常に途中経過を報告する

取引先や上司などからなんらかの照会を受けた場合、内容によっては回答をまとめるのに、あれこれ調べなければならず時間がかかる場合があります。その場合回答をまとめ終わるまで放っておくのではなく、依頼してきた相手に対して適宜、途中経過を伝えてあげるのが親切で信頼を得る対応といえます。依頼をした立場からすれば、なかなか返事がこないと「本当にやってくれているのかな」と不安になるものです。依頼を受けた後、まず「確かに依頼受領しました」という短い返事を出し、その後1週間ごとに状況の説明と、回答の見込みを依頼者に伝達することによって相手は安心して待ってくれるのです。外国人の担当者でこういうきめ細かい途中経過を適宜出そうと心がけている人は、まずほとんどいません。それは相手の立場に立って仕事をしていないからです。

筆者はある案件で、時間がかかる内部稟議の作業の時に、定期的に進捗状況を現地人の取引先に短いメールで送っていました。後日「あんなにマメに進捗を連絡してくれた人は他に見たことない」と驚かれたことがあります。

忙しい中で、きちんと期日管理をし、かつ途中経過を頻繁にまとめるというのは実際面倒なことです。でも進捗状況を連絡するというのは1行のメールでも良いのです。どこまで進捗していて、いつごろ完了するかのメドだけを伝えれば良いのですから、そんなに手間のかかることではないと思います。ですから面倒と思えることでも、あえて積極的にすることにより外国人担当者との差別化を図ることが可能になるのです。

⑷「ほう、れん、そう（報告、連絡、相談）」の実践

日本の社会人教育では「ほう、れん、そう」の徹底は組織社会の中で全ての基本だと教えられると思います。だったらそれを海外の組織社会の中でも実践すればいいのではないかと思います。海外の組織では、たとえ上司と部下、チームという組織であっても、実態は個別事業者の集まりのようなイメージがあります。後の項で詳しく書きますが、個別取引先はこちらの会社と取り引きしているというよりは、担当者個人と取り引きしているというイメージが強いので、各担当者は担当している取引先や案件は自分個人のものであり、自分が転職した場合はその取引先も一緒に転職先に連れて行く、という気持ちで仕事をしている外国人担当者も少なくありません。日本では担当者が誰であろうと、会社対会社の取引という意識ですから、会社として、チームとして案件に対応するという観点から、常に案件の進捗状況や問題は上司に報告が上がります。しかしながらどんどん転職し

てキャリアアップを目指すのが当たり前という外国の文化の中では、各担当者が案件をひとりで抱え込んでしまうケースが往々《おうおう》にしてあります。

この場合、いざ問題が発生した時、上司への報告が遅れることにより問題解決への対応が遅れて取り返しのつかない状況になるというリスクがあります。よく他国の銀行で個人担当者が莫大な額の損失を発生させてしまっていたにも拘わらず会社が全く把握しておらず、会社が倒れるほどの事態を引き起こしてしまったニュースを聞くことがありますね。まさにこれは社内での報告、連絡、相談が無かった故《ゆえ》に起きた事態だといえます。

ですから、海外の会社でも適宜上司へ自分のやっている案件の概要を説明し、状況報告と、問題が発生しそうなら早い段階から相談をしておくことが損失回避に繋がることになり、上司からすれば安心して担当者に案件を任せておける、という信頼感を与えることができるのです。また同時に普段から自分の関わっている案件の進捗状況や取引先の現況をマメに上司や本部などしかるべき部署に報告しておけば、万が一何か問題が起こった場合に、「何故もっと早く報告しなかった」と責められて、責任を一人でかぶるというような事態を避けることができます。自分自身を守ることにも繋がるのです。

(5) 常に先を読んで計画し行動する

これも日本の企業で働いている方は基本として会社で鍛えられることだと思いますが、どんな業務をするにせよ、常に先を読んで行動するというのはどこの世界であれ必須であると思います。ところが不思議に思われるかもしれませんが、案外これを実践できている外国人は多くないのです。前述したように、個人のデータベースを作成して自分の取引先や案件の管理をしたり、提出物を期日より早めに提出するという几帳面さに欠けている人が多いので、先を読んで行動するということも面倒だったり、重要視しないのでしょう。ここにこそ、日本人として強さを見せることができるチャンスがあるのです。

「先を読んで行動する」――具体的には今やっている仕事の次にどういうプロセスが予想され、いつまでに各プロセスを済ませる必要があるか、そしてその過程においては誰に根回しや報告をする必要があるか、どういう質問をされる可能性があるか等を常に考えながら行動するのです。また海外における仕事では、社内、社外の交渉相手は時差のある他国である場合がほとんどです。日系企業の駐在員が日本の本社と協議する場合は無論のこと、アメリカの相手であったりヨーロッパ内でも相手の国によって時差は異なりますから、当然相手国と自国との間にどれだけの時差があるのかを常に頭に入れておかないと、交渉の電話をしようと思ったら相手は会社にいない時間だったということもありますし、相手の国の休日なども意識に入れておかないと、考えていた期日が実は相手の休日で、その前日までに済ませなければいけなかった、など致命的な問題に繋がりかねません。こうして書くと当たり前のことのように感じられますが、外国人の同僚を見ていると、こんな基本的なことが頭に入っていない人が多いのに驚かされます。同僚に対して「次のミーティングは来週の水曜だろ」とか「この日は締め切りはいつもより早い午後1時までだろ」とか指摘すると「あれ、そうだったっけ？」などと慌てて今さら手帳に書いている光景はよく見ます。ですから、そこで期日管理、時間管理をしっかりして準備万端で対応すると、自然に几帳面さが際立ち、上司にも取引先にも「あいつには安心して仕事を任せられる」という信頼感を持ってもらうことができるのです。

同様に外国人取引先にも、期日管理、時間管理のできていない人はたくさんいるので、たとえば今月末までに案件をまとめなければいけないのに、先方からはこちらから出した条件に対する返事が一向にこないというケースが多くあります。契約書作成に要する時間、社内の稟議書で承認を得るための時間などを勘案して逆算すると、今週にはもう稟議書の準備を始めなければ間に合わないのに、相手から返事がこないため準備が始められず時間ばかりが刻々と過ぎていく。たいていの取引先は、自分のリスポンスが遅いせいで期日が迫ってきていたとしても、なんとか当初の期日までにやってくれと後になって無茶を言ってくるのが常ですから、おとなしく先方からのリスポンスを待っていると、結局はこちらも慌てて作業しなければならなくなる事態に巻き込まれてしまいます。そうならないためには、もし相手のリスポンスが遅い場合は、こちらで常に期日管理をして、適宜相手にガンガン督促をかけ、交渉の進捗を主導的に行うほうがスムーズに進みます。そして待てる限界の日程を早めに先方に伝え、その期日を過ぎたら取引はできない、と毅然とした態度を見せることが必要です。

ある案件で、成約の前に取引先がいくつか公的書類を用意しなければならないことがあり、そろっているかどうか早い段階から確認していましたが、「着々とやっているから」との返事をもらっていたことがありました。いよいよ成約が翌週に近づいた前週の金曜に確認の電話会議を弁護士含めその取引先と行った際、実はその書類は成約の数日前に当局に提出しなければならなかったことが判明。先方はきちんとプロセスを調べていなかったわけで、こちらも弁護士に独自に早めに確認をとって相手に督促しておくべきだったのですが、結局大慌てで翌週月曜までに作らせて間に合ったという経験があります。相手に責任がある期日管理や処理の場合でも、相手を信じて任せることはせず、自分でも先を読んで管理をしておく必要を痛感しました。

督促をすると相手はごにょごにょ言ってくるかもしれませんが、フレキシブルに対応できることとできないことははっきりしているわけですから、遠慮する必要はありません。結果的に無事案件が成約すれば、相手は督促をかけられたことなど忘れてしまうものです（感謝もされませんが）。

自分の立ち位置をはっきりさせよう

海外に出て仕事をする上で、同僚に外国人がいるといろんな面で自分との違いやギャップを感じることが多くあります。国籍や文化、育ってきた環境が違うのですから同じわけがないのですが、どうしても外国人同僚のほうが発言量が多い、アピール力が強い、外国人の取引先に対して受けがいいとか、言葉の問題も含めてコンプレックスを感じたりして自信を喪失してしまうこともあるかと思います。でも彼らと同じレベルに自分を置く必要がそもそもあるのでしょうか。野球に例えて考えると、ホームランを打てる四番バッターばかりずらっと揃えても常に勝てるわけではないですね。必ずそのチームには足が速くて相手をかき回せる人、主軸のバッターにうまく繋げる人、守備の上手い人などいろんなタイプの選手が必要で、そういういろんなタイプの選手がバランスよく揃っていて、それぞれが自分の特性を最大限活かせる選手を多く持っているチームのほうが強い力を発揮できるのではないでしょうか。

仕事でも全員が口の上手い、発言の多い人ばかりでは収拾がつかないですし、営業の得意な人ばかりでは、集めた情報を社内でしっかり管理したり分析することが疎かになってしまいます。やはり営業や情報管理、企画発案や分析など色々な得意分野を持った人が集まって初めて、その企業はバランスの取れた企業運営ができるのであり、ビジネスを成功させることができるのだと思います。

従って、外国人同僚がこちらより発言力やアピール力で勝っていたとしても、逆にこちらが彼らより勝っている部分、あるいは彼らと異なっている部分を活かせばよいのです。前述のように日本人の緻密さを活かして彼らよりきめ細かい情報管理をすることで差別化してもよいですし、こちらは彼らとは違った国の出身であるということから、彼らとは違った角度から物事を見る、違った視点に立って判断をするということで差別化をしてもよいでしょう。要は、彼らの特性に惑わされることなく、自分の特性は何なのか、自分が彼らと差別化できることは何なのかをじっくり自分自身で考えてみることが重要であると思います。そしてそれに基づいて自分の立ち位置を決め、後は周りの誰がなんと言おうと自分の立ち位置に立ってぶれることなく自分の特性を目一杯活かしていくことに専念すればよいのだと思います。「人は人、自分は自分」でかまわないのです。

よく「ナンバーワン」と「オンリーワン」はどちらが良いかという議論がありますが、筆者は「オンリーワン」で良いと考えています。スポーツの世界であったり、勤務先内部で収益競争がある場合は「ナンバーワン」を目指さなければいけない状況ももちろんあるでしょう。しかしながら、海外でビジネスをするという観点からは、各自の持つ特性は誰も真似することのできない各自特有のものなのですから、その特性をはっきり自覚し、自分しかできないというユニーク性をしっかり維持することが長く生き残っていくための重要な武器になると思います。

日本語でよいから話す話題の引き出しをなるべく多く持とう

外国人とコミュニケーションを深めるには、当然接する時間を多くもち、相手に信頼感をもってもらうことが重要なのですが、接する時間を多く持っても黙って一緒に座っているだけでは、コミュニケーションが深まるわけがありません。従ってなんでもよいから話す話題の引き出しをなるべく多く持っていたほうが、どこの国の人が相手でもいろんな話題で対応できるというのは、改めて言うまでもありません。

でも一体どういう話題で外国人とコミュニケーションすればよいのでしょうか。以前なにかの本で、イギリスでは天気と政治の話さえできればコミュニケーションができる、みたいなことをもっともらしく書いている人がいました。あれは違います。イギリスはどんよりした天気の日が多いので、「今日もあいかわらずの天気だねえ」などと会話のとっかかりにはなりますが、それ以上盛り上がるわけでもなく、話の展開には限界があります。また政治の話をしても一定の議論にはすることができますが、政治や宗教の話は立場などによって微妙な話題でもあるので、コミュニケーションを深めるという観点から言えば、話題にするのにあまりふさわしいとは思えません。

世界共通のスポーツということで、サッカーを話題にすると相手との距離感が縮まるという傾向はあるようです。ただし、相手がサポートしているチームを知っていたほうが良いという場合もありますし、必ずしも皆がみなサッカーが好きというわけではないので、この話題も限界があります。

筆者の経験から言えば、コミュニケーションを深めるには、ありきたりですがおいしいお店の話、お勧めの観光名所の話などから入るのが無難なようです。たいていの人がどういうおいしいお店があるかとか、どこか面白い場所はあるかなどに興味を持っていますから、お互いのお勧めの場所やお店の情報を交換するという方向に会話を持っていければ、たいてい相手は乗ってきます。そういう話題を作るには、それなりのリサーチや情報収集をしておく必要があります。普段から常にそういう情報に敏感になっていることが重要であると思います。

なお、相手の国について色々聞くというのもひとつの手段ではありますが、相手からすると嫌というほど同じ質問をされてうんざりしている場合も多いので、話題の引き出しのひとつではありますが、話題にするのであればありきたりの質問でなく、事前になるべく下調べをして、「この人はなかなか物知りだな、人と違うことを聞いてくるな」という、意味のある質問をしたいものです。更に、日本のことを話題にするというのも一見有効な話題づくりに見えますが、相手は日本に行ったことがあって、日本を気に入っているという人でない限りは、そんなに乗ってくる話題にならないという部分もあります。とはいえ、じゃあ日本のことを何も知らなくてもよい、というのではありません。日本人としては自分の国のことはしっかり説明できるようにしておくのは当然だと思います。グローバル化というのは相手のことを知って取り入れるだけでなく、こちらのことを相手に深く理解してもらうことでもあるからです。

外国人は自分の国のことを実によく勉強しています。歴史や、地理、文化、スポーツ、政治など。専門的な知識でなくてよいのです。深く知っていればなお良いですが、広く浅くでもいいから、どういう分野であってもなんらかの説明ができるぐらいの一般知識は持っておきたいものです。そうすればお互いの国の比較などから話題が広がる可能性が高まります。

いずれにしても、日本語でよいので普段から色々本を読んだりオンラインでリサーチしたり、新聞やテレビで幅広い情報を頭に入れたりしておく必要があります。英語で情報を持っていれば、もちろんベターですが、英語で正しく言えなくとも、仕入れた情報を話題として出せばとにかくきっかけができ、相手も話がしやすくなるよう仕向けることはできます。どうしても話題が無いときの逃げ道は、「今週末は何をするのか」とか「今年は休暇はもうとったのか。どこに行くのか」の二つでしょう。あくまでも話題が尽きたときの逃げ道で、会ってすぐ開口一番に使う話題ではないですが。

持っている情報の引き出しが少ない人は、なんとか場をもたそうとわずかの量の情報を無理やり話題に出そうとすることになってしまいます。ある人がサッカーのワールドカップの時期、ある相手の国の試合があった翌日に一生懸命「昨日のあなたの国の試合は……」と話していたことがありました。しかし、実はその相手の人の国は試合に負けていたので、むしろ相手からすると話題にもしたくないぐらい悔しい思いをしており、そういう話題をそういう時に出すということは、逆にデリカシーがないという印象を与えるだけになってしまいます。加えて、持っている情報を常にアップデートしておかないと、死んだ情報になり、意味がありません。ある日本人の知り合いが、以前別の会社のシンガポール支店に5年ほど駐在していたのですが、その後シンガポールや他国から外国人取引先が来日してミーティングするると、必ずといっていいほど「シンガポールではああだ、こうだ」という話をします。話をするのはよいのですが、彼がシンガポールにいたのは10年も20年も前にも拘わらず、直近のことのように話すので、かえって情報の古さや薄さが相手には見えてしまいます。先方も表面上は「そうですか」と反応しますが、当然それ以上話が膨らみません。場を温めるつもりの話題が、相手をしらけさせて逆効果になってしまった一例です。やはり話題の引き出しを多く持つと同時に、そのたくさんの引き出しの中からいつでも適切な情報を出せるという懐の深さが肝心であると思います。

相手の日本人に対するイメージを逆手に取ろう

今日までの長い歴史の中で作り上げられた、日本人のイメージとは外国人にとってどんなものでしょうか。色々な見方はあると思いますが、筆者のまわりの外国人たちはみな日本人は総じておとなしく英語はあまりうまくない、と思っている人が多いようです。残念ながらこれは事実なのでしょう。日本語での会話だと非常によくしゃべるし堂々としているのに、外国人相手だと、人が変わったように遠慮がちになって自信なさげになってしまう人が結構います。もちろん若い世代では帰国子女や留学経験者も増えてきて、ずいぶん従来の日本人のイメージと違って積極的に、かつ臆することなく外国人とコミュニケーションをとる人も増えてきていますし、日本語だろうが、英語だろうがかまわず堂々としていて、英語ができなくてもボディーランゲージで無理やり会話にしてしまう豪傑もいますが、全体の割合からすると少ないのではないでしょうか。

外国人からすると、日本人はそういう豪傑ばかりではないことは見抜いていますので、日本人に話しかけてもどうせ話が続かないと、あえて日本人には話しかけてこない人も大勢います。文化や習慣があまりにも違うという先入観から近づかないのかもしれません。また、日本人がおとなしくしているのをよいことに馬鹿にしてなめてくる人々も大勢います。従ってそういう時にこちらから逆にガンガン話しかけてやると、相手は「あれ、この人は他の日本人と違うぞ」という驚きと意外性で結構話が盛り上がったりするのと同時に、日本人をなめている外国人たちに対してなめられる隙を与えないことにもなるのです。

同じアジア人でも中国人や韓国人を見ていると、外国人に対して負けないぐらい自己主張をしています。言葉もそれほどうまくなくても、とにかく自分の考えや意見は日本人とは比較にならないぐらいはっきり主張する人が多い。彼らにできるのだから、日本人だってできないわけがありません。

仮にもしうまいコミュニケーションに繋がらなかったとしても、もともと相手は日本人とはコミュニケーションが難しいというイメージを持っているわけですから、そのイメージ通りになっただけの話であって、こちらが思うほど否定的な気持ちでは見ていないのです。ですから「コミュニケーションが上手くいかない」などと焦って汗だくになる必要もなく、「上手くいったら儲けもの、できなくても失うものはない」というぐらいの開き直った気持ちで、リラックスして話題を出せばいいのだと思います。過去の日本人に対するイメージを逆手にとって利用してしまえばいいのです。ただし、「どうせ日本人はおとなしいからいいや」と消極的になってしまうのではなく、「これ以上ネガティブには見られない」と今を底として開き直り、積極的になることが重要なのです。

第二章　実践に役立つテクニック

行動でやる気をアピールするテクニック

国民性の違いからか、日本人はどうしても外国人に比べて自己アピール力に劣ると言われます。加えて言葉のハンディがあればなおさら外国人と同じことをしていては、どうしても存在感を示すことができません。普通にしていては、表現力に劣る日本人は、意欲に溢れやる気があることがなかなか外国人には伝わりません。ではその不利な状況を打開するにはどうしたらよいでしょうか。普段から声が大きく元気の良い人であれば、常に大きな声で、威勢よく振る舞うことで「あいつは英語は下手だが、なんか元気良い奴だな」と意欲的な姿勢をアピールすることはできるでしょう。でも皆が皆そういう性格ではないので、誰でもできそうな他のアピールの仕方を見てみましょう。

たとえば取引先などとミーティングをした時には、どこの会社でもミーティング記録を作成し上司に上げたり社内で回覧しますが、筆者はいつも誰よりも一番多くミーティング記録を作成していました。もちろんそのためには、それだけ多くのミーティングをこなさなければならないし、ミーティング中も常にしっかりメモをとっておかねばなりません。なによりも、書き方を知らないと何を書いてよいかわかりません。幸い筆者は以前働いていた日系銀行の新人時代に、ミーティング記録の書き方を嫌というほど叩き込まれ、最初の頃は書いたミーティング記録がいつも真っ赤になるほど、上司からチェックされてつき返されていました。一般に日本では、どこの会社でもそうやって効率よいミーティング記録を作成する技術を身につけていくのだと思いますが、外国ではそういうしっかりした社内教育がないということもあり、外国人の同僚はミーティングをしても、面倒くさがってミーティング中メモをとらないとか、とってもミーティング記録にまとめて上司に上げることをなかなかしない人が多いのです。

筆者の勤務先でも前出のフランス人役員が来るまでは、そうやってミーティングの後に記録を書くという習慣がありませんでした。ところが彼は、必ずミーティングの度に記録を書いて社内全員に回覧するようにという指示を、全世界の支店に対して徹底してきました。でもそのような指示が出ても、過去には全くそういう習慣がなかったのですから、そう簡単に全員がすぐ書くようになるわけがありません。あまりにもなかなか皆が書かないので、彼も「会社の経費を使ってコストの高い業界のカンファレンス等に行って、その後記録を回さない者には経費を出さない」という追加指示を出したほどです。

さすがにこの指示の後、外国人スタッフは少しずつながら、皆ミーティング記録を社内で回すようになりました。ところが、ある日本人スタッフは、「情報を社内に回す意味がわからない」、「ミーティング記録を書かないのは自分のポリシーである」、「取引先は自分だけに話をしているのであって、会社に回せない情報もある」と理解に苦しむ発想から、一切ミーティング記録を書きませんでした。上司である役員のポリシーとしてミーティング記録を回せとはっきり指示が出ているにも拘わらず、この日本人スタッフは自分のポリシーを優先しているわけですから、当然彼の評価は著しく悪いものになりました。ミーティング記録を書かないということは、客と一切ミーティングをしていないのだろうと見なされて、ポリシー違反かつコンプライアンス違反であるだけでなく、やる気がないと判断されたのは当然です。一方筆者は日本の会社での経験のおかげで、それほど抵抗なくミーティング記録をどんどん書くことができました。このフランス人役員の着任後1年ほど後の社内カンファレンスの席で、ミーティング記録を書くという習慣が社内でどれほど行き渡ったのかを検証する場があり、この1年で誰がどのくらいの量のミーティング記録を作成したかご丁寧にも彼が調べ上げてきたことがありました。その結果筆者が最もミーティング記録を回覧していると、全員の前で発表されたのでした。

また「情報は生き物」ですから、ミーティング記録はミーティングの後すぐ回覧しないと意味がありません。他の競合会社が知らない情報を他よりも早く入手して、それに対して他よりも早く行動を起こすことができてこそ、情報を入手した意味があるのであって、何ヵ月も経って誰でも知っている情報を回したところで、もはやその情報は「死んだ情報」でしかありません。ある時筆者は、日本からのお客さんを3日ほどかけてヨーロッパ中の10社近い顧客に紹介する出張に、このフランス人役員と同行したことがあります。数ヵ国にわたる出張でしたし、ミーティングの数も多かったのですが、筆者はまだ記憶が新鮮なうちに記録を書いておこうと思い、出張中に全てのミーティング記録を書き上げておりました。全てのミーティングが終わりいよいよイギリスに戻る日、朝食でこのフランス人役員と顔を合わせると、「なんだ君、ちょっと目の下にクマができているがどうした」と言われ、「夜中に今回の全社とのミーティング記録を書いておりました。全て完成しましたので明日朝一番でお送りします」と答えたら目を丸くしていたのを覚えています。彼自身もそうやって夜中にでも記録を書いて回してくる人ですから、彼からしたら当然のことなのでしょうが、他の外国人同僚でそんなに早くミーティング記録を上げてくる人は皆無ですから、よほど珍しかったのかもしれません。

ミーティングでは雑多な情報が山ほど出てきますから、全てが頭に残っているわけがありません。ミーティングで聞き取った事を整理し詳しくメモにまとめることによって初めて「情報」として今後に役立つのであり、上司たちも上がってくるミーティング記録によって色々な取引先の動向を把握しようとするわけです。ミーティング記録をあまり上げてこない部下とか内容の薄いメモしか上げてこない部下は、やる気があまりないと理解されます。これは日本国内の企業でも同じですね。

また、誰よりも早く毎日オフィスに出社しているというのも、有効な手段であると思います。会社にもよるとは思いますが、筆者の勤務先では外国人スタッフは朝9時始業にも拘わらず9時過ぎまで出社してきません。確かに、外国では実績重視ですから、結果さえ出していれば日本ほど厳しく9時—17時の勤務時間にうるさくないのですが、上司が何も言わないとそれこそ9時半ぐらいまで出社してこない輩《やから》もいます。一方で立場が上になればなるほど、8時過ぎぐらいから出社して多くのメールを整理したり、資料を読んだりしています。上司たちは9時以降になると会議やら電話会議などで忙しくなるため、朝早く出社してメールを読み込み、気になるメールがあったりすると、9時前でも担当者を呼んで詳細を聞きたがったりするのですが、上司たちはたいてい自分の必要な時にすぐ情報を欲しがりますので、聞きたい時に肝心の担当者が不在にしていたりすると、部下に対する印象に影響を与えることは容易に想像できますね。

出張で不在や休みをとっているなど正当な理由があれば当然問題ありませんが、上司が8時過ぎに来ていて、担当者に話を聞こうと思ったら、のこのこ9時過ぎにその担当者がやってきた、となれば好印象を得られるはずがありません。

なお、朝はそんなに早く来なくとも残業をたくさんして自己アピールしたらいいじゃないかと思われる方もいらっしゃるかもしれません。しかしながら、これは外国では有効なアピールになりません。外国では残業をするのは仕事をたくさんしているからではなく、仕事が遅いからと取られるケースが多いからです。基本的に外国人にとっては、17時の勤務時間終了後は家族や友人と過ごす時間なので、よほど他国との連絡のため時差の関係で残っている以外は、日本のように夜遅くまで残業している人はいません。たいてい18時や19時を過ぎるとオフィスはもぬけの殻になります。仕事が忙しくて溜まっている場合は、皆持ち帰って家でやっているのです。上司たちもさっさと夜は帰ってしまいますから、そういう勤務時間以降に残っていても何のアピールにもならないのです。

むしろ上司たちは夜の10時過ぎや朝5時ごろ携帯でメールをチェックして質問を送ってくることが多々あります。18時ごろ会社を出ても、それで一日の仕事が終わりではなく、夕食などでリラックスした後はまた仕事モードの頭になっているのでしょう。そういうメールを逐次読んで、夜中でも朝早くでも常に即返信をするというのもひとつの自己アピールではありましょう。筆者もそういう時期がありました。ただそれを続けていると自分の健康を害したり、正常な家庭生活や友人との交流などに支障をきたす可能性があります。上司たちは仕事とプライベートの時間の使い方をうまく工夫しているのです。前述の17時過ぎに帰ってしまうイギリス人上司も、実は帰りの電車の中で重要なメールは全部チェックしており、その日の夜あるいは翌朝早い時間に彼からメールが来たりします。

こうした実態を理解せずに、朝9時ちょうどにならないと出社せず、18時の終業時刻とともに退社して一切残業をしないスタッフが、かつての日本の勤務先にいました。「就業時間以外は自分のプライベートの時間であり、文句を言われる筋合いはない」と釈明しますが、海外の習慣を明らかに誤解しているのです。このスタッフは夕方18時に会社を出たあとは、翌朝9時に出社するまで、また週末も、一切メールをチェックしませんので、必然的にヨーロッパの同僚とのコミュニケーションにおいては、彼のリスポンスは常に遅れることになります。ヨーロッパとの時差を考えれば、ヨーロッパからの照会に対する返事は必ず一日遅れになってしまい、コミュニケーションが機能していないのは明白です。あまりにもリスポンスが遅いので、外国人役員が彼に対して「君はメールというものをチェックしないのかね」と叱ったほどです。

当然ながら自己アピールばかりしていても、実績が伴わなければ単なる目立ちたがり屋としか評価されません。適度な自己アピールが、存在感の不足を補う武器になるわけですが、表現力に劣る日本人にとっては、多少過剰にアピールしても、それでちょうど外国人の平均的アピール度に近いレベルであるということも頭におきながら、自己アピールと、実績を上げることをバランスよく見せることで、初めて正当な評価を得ることに繋がるのだと思います。

議論の場でのテクニック

ビジネスの場などでは、グループで議論をする機会が多くあります。社内で上司と取引案件について可否を議論する場、所属するチームで方針について議論する場、それに議論ではないですが外国人たちと飲みに行って多人数と交わって話をする機会も多くあります。相手と一対一で議論する場合はもちろん、大人数で議論する場合でも、外国人はとにかくよく発言します。外国人は常に、議論したり自分の意見をはっきり主張する教育を受けてきているので、そういう場では他の人の発言を押しのけても自分の意見を言おうとするのです。筆者の勤務先にドイツ人の同僚がいますが、この人はとにかくよくしゃべる。聞くと子供の頃から親に「この場合おまえならどうする。おまえはどう思うか言ってみろ」と長年しつけられてきていて、自分の主張をはっきり伝えるという習慣がいやというほど身についているのだそうです。

日本人はそういう教育は受けてきていないし、そもそも言葉がネイティブではないのだから、口数でかなうはずがありません。何か発言したくても、一向に口を挟む隙間を見つけられず、そのうちに話題が変わってしまい言いたかったことを言う機会を逃してしまうということはよくあります。そして結局何ひとつ発言できないまま議論が終わってしまい、「自分は何も言えなかった」と後悔をすることになる。他の外国人からしても、「あいつは一言も発言がなく、何も貢献していない」と見られることになり、自分の存在感を見せられないことになります。筆者も自分なりに懸命に発言する機会を見つけようとしていますが、なかなかうまくいかず、上司たちから「君はもっと発言すべきだ」と指摘を受けたことは数え切れません。

そういう事態を避けるには、議論のなるべく早い段階、まだ議論が白熱する前の段階でとにかく何か発言してしまうことです。重要な発言である必要は全くありません。人によっては「あいつは何を言っているんだ」とか、こちらのしゃべってる英語がわからない、みたいないやな態度を露骨に見せる連中もいますが、前に書いたように、普通の人はどんな発言でも皆まずは聞くという態度をとりますので、そういう一部の心の狭い連中は相手にせず知らん顔して、とにかく何か発言してみることです。一言でも発言してしまえば、最悪他に最後まで何も発言できなかったとしても、一応貢献はしているのですから、堂々としていればよいのです。

もし議論が最初から白熱していて、早い段階でも何も発言をする隙間が見つけられなかったら、最後でもよいから、まとめになるような発言でもよいから、なにか一言だけ発言するよう努力しましょう。とにかくなんでもよいから何か一言でも発言をするということが重要なのです。

筆者がロンドンのビジネススクールに入学した時、入学者選考の過程で受験者をグループにして与えられたテーマに沿って議論させ、その態度や発言の中身を何人かの試験官がまわりで判定するという試験がありました。筆者の入った受験者グループは15人ほどいましたが、筆者以外は全員外国人で、この中から数人しか合格しないということで、皆議論が始まるとここぞとばかりに発言機会の取り合いになりました。ある者はおもむろに黒板に向かいダイヤグラムを描いたり、ある者は色々な意見を仕切ろうとリーダーシップを見せようとしたり、限られた時間の中で目一杯自分をアピールしようとします。筆者は自分以外の受験者が全員外国人であるのを見た瞬間、そうなることを予想していましたので、「何も発言できないで時間切れになって終わってしまったら、さすがに合格はできないだろう、そうならないためには、なるべく早めに発言するに限る」と戦略を立てて臨みました。ところが予想以上にものすごい発言機会の取り合いで、筆者は発言をする隙間を突けないまま、どんどん時間が過ぎてしまいました。そろそろ時間切れになるのではないかという危機感の中で、強引に議論に割って入り、「先程の発言の中でこういう話があったが、日本人としてはこういう角度から分析をしたほうがよいのではないかと思う」みたいな発言をねじ込んだ記憶があります。他の受験者たちは、自分の発言を押し付けるだけでなく人の発言もちゃんと聞けるということをもアピールしようとしますから、筆者が割り込んだ瞬間に一斉に「聞き」の態勢に入り、なんとか1回でしたが発言をすることができました。決して筆者の発言が意味あるものであったとは思わないし、他の受験者に比べれば発言量は圧倒的に少ないものでしたが、ちょっと違った角度の視点からの発言がよかったのか、幸運にも筆者は合格した3名のうちの1人になれました。逆にあれだけ黒板にダイヤグラムを描いたり、場を仕切って目立とうとしていたりした受験者は皆不合格でした。筆者ももし一言も発言できなかったら、おそらく不合格であったと思いますが、一方で発言の量が全てではないということの例だといえます。

こういう受験の場合は別ですが、通常の議論の中で、もしどうしても発言するきっかけを得ることができず結局一言も発言できずに議論が終わってしまったら、その時はその時で堂々としていればいいと思います。外国人でも議論に参加しても何一つ発言しない人はたくさんいます。そういう人々はそれでも堂々としています。「自分にはあの議論がつまらない」と言い放つ人もいますし、他人事のようにしている人もいますが、多くの人は、発言しなくともその場にいることで既に十分に貢献しているのだ、くらいの開き直った態度で堂々としています。良いか悪いかは別にして、そういう堂々とした態度は真似してよいと思います。議論する場は何度でもあるのですから、今回発言できなかったことに対しては自分なりに反省はするけれども、悲観的になる必要はないのです。次回の議論の場でまた努力すればよいだけの話だと気持ちを切り替えて平然としていればよいのです。

上司との打ち合わせ時のテクニック

ビジネスの中では組織の一員として働いている以上、様々な用件で上司と協議をする場面があり、上司が外国人という場合も珍しくありません。協議にあたっては、当然ながら事前にその用件の関連書類を揃え、用件の概要と問題点、判断基準などを整理しておくことが必要になってきます。そして協議の中で担当者である我々が簡潔にそれらを上司に説明することになりますが、重要なのは単に判断材料を渡して上司に判断を任せるのではなく、自分なりの判断も準備しておくことだと思います。組織として最終決断をするのは上司ですが、外国人にとっては常に自分の意見を持っていることが当たり前である以上、「どうしたらいいでしょうか」というのは最悪の質問であると考えてよいと思います。外国人でも若い担当者には、自分の判断を持たずに上司に任せようとする人もいます。しかし、そういう場合はやはり「おまえはどう考えているのだ」と指摘されています。

筆者は上司に判断を求める必要のある用件がある場合、判断材料を揃えて説明することに加え、いつも自分なりに2通り、あるいは3通りの結論を用意するようにしています。ベストケースとそのベストケースができない場合の次善の策を1つか2つ用意するのです。そしてそれぞれのケースを説明し、自分としてはどのケースが現実的に妥当か、何故そう思うかを併せて説明します。上司は同意する場合もありますし、全く別の結論を出すこともあり、またこちらの出した結論を少し修正して最終決断する場合もあります。いずれにしても、こうしていくつかの結論案を用意したほうが、間違いなく協議は効率的になり、同時にこちらの自主性を上司に示すことにも繋がります。

用意する結論案が全く的外れでもよいのです。経験の深さや長さによって、いろんな案が出るわけで、その案が正解か、間違いかより、自分の意見をきちんと持っていて、それを伝えてくるかということを上司は重視するのです。外国人が子供の頃から自分なりの意見を持ち主張する練習をしてきたように、我々日本人も日ごろから常に自分なりの判断ができるよう訓練をしておいたほうがよいでしょう。

取引先とのミーティングのテクニック

営業の仕事をしていると取引先とのミーティングが仕事の中心になります。具体的な取引の詳細を交渉するミーティングもあれば、一般に情報交換をしたり相手の業況をヒアリングするためにミーティングを設定する場合もあります。以下にいくつか参考になるテクニックを挙げてみましょう。

(1) 海外でのミーティングでは事前のアポが必須

筆者が以前日本国内で営業の仕事をしていた時は、アポなしでの飛び込み営業が当たり前でした。新規の取引先開拓でも既存の取引先でも、何の抵抗感もなく自分の都合でどんどんアポなしで訪問していました。今から思えば、筆者の勤務していた日系銀行のみならず他の銀行も同様に飛び込み営業をしていましたので、取引先の財務担当の方は、一日中いろんな銀行が次々アポなしで会いに来て、随分仕事に支障が出ていたのではないかと申し訳なく思います。今でも国内では同じ状況かもしれませんし、これが日本のひとつのビジネス文化なのかもしれませんが、海外では、これはありえません。

新規先であろうが、既存先であろうが、必ず事前にアポを入れる。それも前日ではなく前の週までにアポを入れるのが基本です。何日の何時に誰がどういう目的で誰を訪問するのかをメールでよいので必ず送り、相手の承諾を得ないで訪問することはありません。それをせずにアポなしで訪問するのは非常識で失礼なことにあたりますから注意していただきたいと思います。

(2) 相手が取引しているのは会社ではなく自分個人

おそらく日本における対取引先との関係と、海外における対取引先との関係において一番意識が異なるのは、自分の勤務先に対する帰属意識であると思います。言い換えれば日本では会社対会社の取引であるのに対し、海外では意識の上では個人対個人の取引であるということです。意外に思われるかもしれませんが、たとえば、日本では程度の差こそあれ、一般的には会社の目標のために社員が一丸となって働くことを期待されるのに対し、海外の会社や外資系の会社では、表面上は会社のために働いていますが、意識の中では常に自分個人として仕事をしており会社のためという意識はあまりありません。おそらく日本では何か事情がない限りは終身雇用、あるいは長期契約でその勤務先で働くことが自然ですが、海外ではチャンスがあればやりがいの大きい会社にいつでも転職しようと考えている人が多いからではないかと思います。自分の会社に対する帰属意識が薄いのですから、同僚に対する仲間意識も日本ほど強いとは思えません。ただし誤解のないよう付け加えると、もちろん仕事の後に同僚と飲みに行ったり、つるんだりすることもあります。仲の良い同僚とは日本同様なんでも話したりします。でも外国人は、ミーティングに同僚と出席しても、必ずしもいつも一緒に並んで座るわけではなくバラバラに好きなところに座りますし、極端な例では、たとえば同僚と出張に行ったとして、それほど普段親しい同僚でない場合は、帰ってきて空港に着いたら、「じゃあ、お疲れさま、また明日」などと挨拶して別れるのではなく、飛行機を降りたら後から出てくる仲間を待つことなく、さっさと勝手にそれぞれ帰ってしまう人も多いのです。「なんと薄情な」とも思いますが、珍しいことではありません。

海外の日系の会社で働いている現地採用の外国人はなおさらこの傾向が強いと思います。彼らが日系の会社を選んだのは必ずしも日本が好きだからとか日本に興味があるからではなく（一部にはそういう人もいますが）、単に給与が良いから、そこしかなかったからなどの割り切った理由です。過去のバブル経済時代にこぞって海外進出していた日系企業はたくさんありますので、筆者の周りにもかつて日系企業で働いたことがあるという外国人はたくさんいます。が、前述したように、多くの現地採用の外国人は日系企業で働くことに不満を持ちながらも一定期間我慢して働きますが、長い年数働いた人でも結局会社への帰属意識を持たないまま過ごしていた人がほとんどなのです。

日本では担当者が異動して交代しても我々の勤務先の会社に対する相手からの信頼は変わることはありませんが、外国では担当者が交代すると会社としての信頼関係が崩れる場合があります。やはり取引先が取り引きしているのは名目上我々が勤務する会社ですが、意識的には交渉をしている我々個人と取り引きしているからです。ビジネスの場では我々は会社を代表しているので、相手は我々個人を通して我々の会社のことを信頼して取引に応じているのはもちろんですが、同様に我々個人のことを信頼しているからこそ我々とビジネスをしようとしているわけです。

従って、担当者が他の会社に移る場合、仲の良い取引先が、その転職先のほうにビジネスの相手を変えてしまう事例も珍しくありません。外国人の担当者も、自分の重要な取引関係は、自分個人の知的財産として捉えていますから、自分が転職する場合はその取引先も一緒に持っていってしまうのです。ですから取引先についての重要な情報は一応は自分の勤務先の中で共有しますが、本当に重要な情報は自分個人限りにして共有せず、転職する時に一緒に持っていくということもあり得るのです。海外では転職することは普通のことですし、転職してどんどんキャリアアップを目指す中では、どれだけ親密な取引先を個人で持っているかが重要な鍵であり、転職した後は元いた勤務先は競合相手になるわけですから、重要な取引先情報は個人だけで持っているほうが良いという考え方になるのです。前述したように、ミーティングの記録を書いて社内で回覧するという習慣があまりないのもこのせいではないかと思います。海外の会社は表面上は日本と同じように担当ごとにまとまった組織でも、気持ちの上では別々の個人事業主が机を並べているだけとも言うことができます。あるとき、日本人スタッフが以前勤めていた会社との間でジョイントベンチャーを作ろうというプロジェクトが持ち上がりました。そのとき、このスタッフは以前先方の会社にいたという理由で筆者勤務先サイドの交渉窓口となりました。彼は、先方の会社を一番理解しているのは自分だという自負があったのでしょう。交渉の進捗状況を適宜回さないばかりか、あたかも自分が先方の会社の社員であるかのように、やや先方よりに偏ったスタンスで交渉を進めてしまいました。確かに先方の会社の内情を知っているのは彼であり、以前勤務していた会社ということで親近感があるのかもしれません。しかしながら、あまりにも先方寄りの発言が多いため、最後には外国人役員から「きみに給料を払っているのはうちの会社だ。きみはうちの従業員だということを忘れているのか」と激しく叱られてしまいました。気持ちの上では別々の個人事業主が机を並べているとしても、当然ひとつの組織として機能しているわけですから、あからさまにそういう気持ちを出してしまうと、組織としては成り立ちません。海外企業の考え方を正確に理解しないが故に起こした勘違いといえます。

(3) 会社や上司を悪者にするのもやむをえない

取引先と商談の話をしていると、なかなかお互いの主張が合わず交渉がまとまらないことはしょっちゅうあります。現場の担当者として、これはできると自分では思っても本部や上司が首を縦に振らず、相手の希望する条件を受け入れられなかったり、妥協点にすら持っていけないこともあります。自分がこれはできると信じれば、必死になって本部や上司を説得しますが、それでも納得してもらえなければ、組織の一員としては本部や上司の判断に従い取引先に対して否定的な回答を出さなければなりません。自分もできないと思っているならば、明確に取引先に対して否定的な回答を出して、理由を説明することは容易ですが、自分の判断と組織としての判断にギャップがある場合、自分が納得していないのに、組織として異なる回答を相手に出さなければいけない場合は、相手を納得させるのに苦労することがあります。

こうしたケースで、外国企業にいてよく見るのは、自分の上司や本部を悪者にしてしまうことです。ただし、「自分はできると思うのだが、上司や本部が物分かりが悪くて」なんていう説明は説得力を持ちません。あくまでも自分の勤務する会社の戦略やポリシー、必要とする条件などを丁寧に説明して、その上で「自分個人としては営業的にできると思うのだが、会社としてはどうしても受け入れがたい」という方向に話を持っていくのです。そうすれば相手もたとえ納得はできなくとも、受け入れようという心境になります。

なお、前述したように「取引先が取り引きしているのは会社でなく自分個人」という海外での意識からすれば、会社と自分個人の判断を明確に差別化して取引先に話すのは珍しいことではありません。もちろん相手とこちらの個人的信頼関係の深さにもよりますが、上司や本部は現場をわかっていないなどと悪者にして、自分個人はもっと相手の取引先のことを理解している、自分個人としては相手の取引先に対してなんとかしてあげたいという気持ちは強く持っていると自己アピールに利用することはあります。自分の勤務先に対しては納得してもらえなくとも、自分個人に対しては納得してもらえれば、自分が転職した際自分との個人的信頼関係を維持して、取引を引き続き継続してくれることが期待できるからです。

もっとも、毎回毎回、上司や本部を批判ばかりしていると「この人は何故この会社にいるのだろう」と不快感を与えるだけになり、信頼関係の構築には繋がるわけではないので、このアプローチにも限度があるのは言うまでもありません。あるとき、筆者勤務先のロンドン支店、東京支店、そして外部取引先を結んだ電話会議があったのですが、ある日本人スタッフは、会議の中で「私は上司のフランス人役員の言うことなんか知ったことではない」という驚くべき発言をしたことがあります。いかに外国企業とはいえ、さすがにこの発言にはロンドンサイドのスタッフ全員と取引先がびっくり仰天しました。多少上司や本部を悪者にしてしまうことはあっても、そこまであからさまに上司を無視するような発言をするというのは、外国企業でもあり得ません。この日本人スタッフは、自分の力がそれだけあるというような間違った認識をしているために、このような問題発言をしたのでしょう。彼の信用がそのあと一層落ちてしまったのは当然の結果といえます。

(4) なるべく相手にしゃべらせる

取引先とのミーティングを設定する場合、相手の会社の業況や財務状況などを詳細にヒアリングする事が目的である場合が多くあります。外国人とのミーティング時間は一般的に1時間から長くて2時間ぐらいと、日本国内の営業におけるミーティングより長いですが、それでも限られた時間ですので、事前にヒアリングする内容をリストアップして、それを元に要領よく相手に色々聞くことになります。

従って、自分がこちらのことをしゃべっていては貴重な時間を浪費してしまうことになり、効率的に情報を集めることができません。相手もこちらの戦略や営業状況を聞いてきたりしますので、それには丁寧に答えますが、それ以外はもっぱら相手にしゃべらせるよう誘導したほうが効率的にミーティングを活用することができるのです。

多少英語ができる日本人の中には、自分がしゃべれることが格好いいと思っているのか、得意になってべらべら一方的にひたすらしゃべり続けようとする人がいます。議論する場やこちらがプレゼンテーションする場であればかまいませんが、こちらが情報を収集するのが主目的の場合はミーティングが有効に機能しません。

ある外国人スタッフは非常に社交的で、気さくな人なのですが、口から生まれた典型みたいな人で、とにかくひたすらよくしゃべります。普段しゃべっている時や、社内で取引案件を説明して本部を説得するような時は良いのですが、取引先に会って多くの情報を得たい場合でもひとりでひたすらしゃべってしまうので、相手も黙ってしまい情報収集になりません。従って結果的に、取引先との打ち合わせには、同伴を避けられるようになりました。外国人は基本的に自分のことをしゃべりたがる人が多いと感じますので、事前に準備した質問事項に基づいて相手にしゃべらせる内容を誘導し、適宜補足質問を入れることにより情報をより深いものにする以外は、聞き上手に徹するほうが限られた時間で目一杯の情報を収集することが可能になると思います。

(5) 質問事項は事前に用意しておく

筆者は外資系企業に勤務していますが日本人であることから、日本からの同業者などからミーティングを申し入れられることもよくあります。その場合、先方からミーティングの依頼をしてきたのに、いざ会ってみるとほとんど何も聞いてこず沈黙している人が多いのに驚かされます。外国人からミーティングを申し入れられる場合はそういうことは全くありません。相手はこちらからなにかしらの情報を得たくて会いたいと言ってきたわけですから、事前に山ほど質問事項を用意していてガンガン聞いてきます。

ところが日本人の場合は、ありきたりの質問をした後は黙り込んでしまう人が少なくありません。ひとつ質問して、それに対してこちらが答えるとそれで完結してしまう。付随質問などにつながっていかないのです。そしてこちらが一生懸命話題を探して話をする羽目になるのですが、それでもその内容について突っ込んで質問してくるわけでもなく、ひととおり話が終わると、また沈黙になる。他に話題は無いかとこちらが頭をひねることになります。こちらとしては、何かしら相手が「おみやげ」として情報を持ち帰れるよう、気を利かして多少の重要な情報を話したりするのですが、メモすら取ろうとしないこともある。こちらの話がつまらないのかと思ってしまいます。ミーティングを設定して、日本からはるばる何時間もかけて出張してきたことで、目的をほぼ達してしまったとしか思えません。あれで日本に帰国した後一体どういう出張記録を書くのだろう、中身のある記録が書けるのだろうか、と不思議になります。こういう体験は1社や2社ではないので、多くの日本人に共通の問題なのではないかと思います。

外国人の同僚にこのことを話すと、やはり同様の体験をしている人も多く、一様に「彼らは日本からはるばる何をしに来たのだろうね」と話しています。筆者の同僚の一人が「彼らには、もっと聞きたいことがまとまってから来てくれ、と言っておいた」ということもあったほどです。これでは、外国人としても時間の無駄とは思いこそすれ、コミュニケーションができたとは思うはずがありません。ミーティングの申し入れを受け入れたからには、その相手のために時間を捧げているわけで、その間は遠慮なく質問攻めにしてかまわないのです。答えられない質問には、答えられないとはっきり言ってくるわけですから、沈黙して時間を使うことほど意味がないことはありません。しっかり質問事項を準備して、効率よくガンガン質問をぶつけるほうが、外国人側としてもそれだけ興味を持ってくれているのかと真正面から受け止め、しっかりと対応してくるのです。

筆者は以前どういったミーティングにも対応できるように質問例題集を自分で作って持っていました。初めて会う相手や既に知っている相手などいろんなケースはありますが、どのような会社が相手であろうと、基本的に聞くことはほぼ共通ですので、どんな相手でも使えるように様々な例題的質問事項をガイダンスとしてリストアップしていたのです。たとえば初めて会う会社であれば、相手の会社の規模や財務状況、主要製品、役員についての情報、他社との競合状況や、マーケットでの位置づけ、戦略など、相手の会社についてのあらゆる基本的情報。一方既に知っている取引先であれば、先方の近況フォローアップがミーティングの主目的になりますから、主要な財務結果の推移状況や、大きな変動についてのバックグラウンドや今後の計画などなど。さすがに現在では数え切れない程のミーティングをいろんな相手と経験していますから、その例題集はいちいち見なくとも聞くべきことは体で覚えていますが、慣れない頃はそういう例題集を元に個別のミーティングの前にその相手に対する質問事項を準備したものです。こういうリストを持っていれば、もしミーティングで質問が尽きてしまったとしても次の質問を考え出すきっかけになりますし、そこから発展して会話を繋げていくこともできます。外国人スタッフの中にも同じように準備をしている人がいます。そういう外国人スタッフとはお互い自分で作った質問例題集を比べあって意見交換をよくしたものです。ここで重要なことは、質問例題集や事前に用意する個別の質問などは日本語でなく英語で準備することです。日本語で準備して、その場で頭の中で英語に訳して質問していては、一瞬のうちに要領を得た英語の質問文になかなかなりません。同時通訳レベルやそれに近い英語力を持っている人なら別ですが、そうでなければやはり質問は英語で準備し、英語で質問し、答えを英語で聞いて理解する。そのほうが絶対早いと思いますし英語力の向上にもつながります。

加えて言えば、相手が何か説明してくれている時は、その内容についてただ漠然と聞いているのではなく、そこから発展し何か付随して質問をすることがないかを常に頭の中で探りながら聞くことも重要であると思います。言うまでもなく、この場合も頭の中では英語で付随する質問を考えるのです。最初はなかなかうまくいかないのは当然ですが、そういう癖をつけていくことによりだんだん苦にならなくなります。経験の浅い営業担当者には是非とも参考にしていただきたいと思います。

相手が女性の場合のテクニック

海外では日本以上に女性と男性の雇用均等が徹底していますから、ビジネスの場でも交渉相手が女性であることが多くあります。日本では以前「女性に対して男性から握手を求めるのは失礼にあたる」みたいな事を書いている本がありました。昔はそうだったのかもしれませんが、現在はこれは全く事実に反すると理解してよいと思います。

握手は相手が男性である場合と同じようにしてかまわないのです。そして何度も会うような相手になると、握手の代わりにお互いのほっぺたとほっぺたを左右交互にくっつけて、「シマ」みたいなことを言いながらチュ、チュと音をさせる挨拶が普通になります。ただ日本人はそこまでなかなかやらないのを外国人女性たちは知っていますので、日本人に対してはこちらからほっぺたを寄せていかない限り握手で済ますことになります。実は筆者もこのほっぺた同士をつける挨拶をするにはなかなか勇気が要り、馴染むまでにはちょっと時間がかかりました。でもほっぺたにキスをするわけではないのですから、顔を近づけていっても「何するのよ」なんて引っ叩《ひぱた》かれる心配はないのです。外国人同士を見ているとごく自然に顔をお互い近づけてほっぺたをくっつけていますし、相手と同じように思い切ってほっぺたをくっつければ抵抗されることはありません。一度できてしまえば次回からは自然にそうすることになるし、握手だけの関係よりは相手の懐に入りやすくなります。

こういう挨拶のやり方やレディファーストという女性に対する当然のエチケットはありますが、それ以外は相手が女性だと意識してビジネスをすることは基本的にないと言えます。相手も自分が女性であることを全く意識しないでビジネスに徹してくるわけですから、こちらも相手が男性か女性かに拘わらず、同じように接するのがマナーといえます。

読者の中には女性の方もいらっしゃるでしょう。女性の方も海外で仕事をする場合には、臆することなく自分から握手を求めたり、顔見知りの関係になった相手に対しては、恥ずかしがることなくほっぺたとほっぺたをくっつける挨拶をしてみるとよいと思います。

存在感を高めるためのテクニック

これまで何度か書いたように、表現力や言葉の面でハンディがある日本人は外国人に囲まれた社会では、存在を認めてもらうのになかなか苦労する人が多いと思います。存在を認められるには、とにかくまず顔を覚えてもらい、存在を知ってもらうことから始めるしかありません。海外でも時によって、社内で仕事の後軽くパブに飲みに行ったり、業界でレセプションや立食パーティがあったり、ランチに出ることが多くあります。まずはそういう機会になるべく積極的に顔を出すことから始めましょう。

筆者が日系銀行の駐在員だった時は、とにかく早く現地人の社会に溶け込もう、早く覚えてもらおうと、なるべく現地人たちの話の輪に加わり、いろんな同僚を誘って昼からパブに行って飲んだり食べたりしていました。日本人の同僚でそこまで現地人の輪の中に入ろうとしていた人は他に全くいなかったので、現地人からしたら変わった日本人が来たと思ったのでしょう、しょっちゅうランチや仕事の後の飲み会にも誘われるようになり、ほとんどの機会に参加し、いつも最後までいましたので、ほとんど筆者が日本人である事を忘れるようになるぐらいまで現地の人たちと交流を深め、懐の中に入り込むことができるようになりました。日本ではランチにお酒を飲むことはあまりありませんが、外国では接待や仲間内でランチを食べる時にビールを飲むことはよくあります。中には昼だというのにパブに行って6パイント（約3リットル）ものビールを飲み、12時ごろから午後4時ごろまで飲んでいる連中もいます。当然午後は仕事になりませんが、金曜など気持ちが週末モードになっている場合は、午前で仕事を終わらせ、ひたすら飲むということもあります。そういう場でも筆者は現地人に交じって飲むということもありました。

日本人の駐在員仲間からすると、「あいつはいっつも現地人とくっついていて、あまり他の日本人としゃべらない」というひがみの混じった目で見ていた人も多かったと思います。今から思えばもう少しバランス良く日本人仲間、現地人仲間とそれぞれ付き合えばよかったと反省していますが、当時はとにかく現地人の中に早く溶け込みたいと思う一心で、極端に現地人たちとくっついていました。でもおかげで、現地人に対する筆者の存在感はずいぶん高めることができましたし、現地人の考え方に触れたり、英語に触れる機会を多く持てたので、駐在員仲間には申し訳なかったですが、今日までの長い現地生活の基礎が築けたと思っています。

日本人同士でくっついているのは楽ですし、楽しいです。でも海外でコミュニケーション力をつけるには必然的に外国人の中に自分の身を投じる時間を長く持たなければならないという点は忘れてはならないと思います。前述の昼からずっとビールを飲んだ経験は極端な例ですが、30分でよいですし、アルコールを飲まなくてもよいですから、とにかく現地人との飲み会などがあったらなるべく多くの機会に顔を出すことが、存在を認めてもらうためのとっかかりになるのです。

レセプションでのテクニック

海外のビジネス社会では、自分の所属する業界で、弁護士や各種団体やいろんな企業が企画するレセプションがたくさんあります。たいてい無料の立食形式のパーティで、飲んだりつまみを食べながら業界内での人脈交流を目的として数百人単位で同じ業界内の人々が集まるのです。業界内で存在を認めてもらい、知名度を上げるのにこれほど有効な機会はありません。毎月とはいいませんが、2〜3ヵ月に一度はそういうレセプションへの招待状が届きますので、筆者はなるべく時間を作って参加し、業界内で存在を知ってもらう努力をしてきました。

筆者の経験では、一般的に海外で存在を認めてもらうためのプロセスは次のようになると思います。

1―いつも見るアジア人がいると印象づける。
2―名前も勤務先もわからないが顔は覚えてもらう。
3―たまに会釈するようになる。
4―少し話をするようになる。
5―お互いに自己紹介して、名前や勤務先、仕事の内容などを知ってもらう。

レセプションではいろんな国の人が集まりますが、アジア人は数が少ないですし、顔立ちも異なるので当然目立ちます。外国人からすると、日本人なのか、韓国人なのか、中国人あるいはシンガポール人なのか区別はつきませんが、とにかくアジアからの人らしいというのはわかります。直接話を交わすことはなくても、なんとなく「アジアからの人がいるな」と記憶に残る、これがまず相手の第一印象でしょう。これがまず第一歩なのです。

そして、他のレセプションに行ったら、「あれ、なんか見たことあるアジア人がいる」。これが第二歩目になります。業界内で同じ地区にいる人というのは限られていますし、レセプションに出る人はたいていいろんなレセプションに顔を出しますので、数多くレセプションに出席すれば、それだけ顔見知りに出会う回数も増えるというわけです。この段階でもまだ直接話をする機会はないかもしれません。でも確実に顔は記憶に残るようになってきます。

レセプションでは胸に勤務先名と名前を記した名札を付けさせられる場合もあります。その場合は、レセプション会場で通りすがりにチラッと見て、名前と顔と勤務先が一致することもあるし、取引関係のある相手ならそこからすんなり会話が始まることもあります。しかしながら、必ずしも全てのレセプションでそういう名札を付けるわけではないので、その場合は、お互い名前も勤務先もわからないまま、顔だけは見たことがあるという状態が続くこともあります。

数回レセプションで出会うと、だんだん「またいた」と会釈をするようになります。全く興味がなければ会釈もしないし、近寄っても来ないでしょうが、そうでなければ徐々にお互いの距離が縮まり、なんとなく会釈をするようになるものです。そうなるとそこからは早い。「いつも顔見るけど、どこにお勤め?」という感じで自己紹介をし、名刺を交換してコネクションが始まるのです。

場合によっては、自分が知っている人と話している輪の中にその顔だけ知っている人が加わっている場合もあります。お互い名前や勤務先は知らないのに、「この人は誰だろう」と思いながらも会話だけは続いている場合もある。その輪の中の既に知っている人がお互いを紹介してくれれば楽ですが、その人もこちらが既にお互い知っているのかわからないので、紹介なしに話だけ続いたりするのです。そういう時は自己紹介をするタイミングが計りにくい場合があります。なんかいまさら改めて自己紹介をするのも変で、結局誰だかわからないまま、話だけしたということももちろんあります。こういう時は、一瞬話が途切れた瞬間、あるいはその人が話題に入っていないという様子が感じられた時に、Sorry, we have not met. などと言って自己紹介し名刺交換するということも多くあります。自己紹介は常に一番初めにするものではなく、いつでもタイミングを見てすればよいという程度に理解すればよいと思います。

では次にレセプションで外国人がどういうテクニックを使って人脈を広げようとしているかを見てみましょう。

(1) 相手と話しながら目はキョロキョロ

ビールやワイン片手にレセプションで話をしていると、ほとんどの人が相手と話をしながらも、視線は常にさりげなく部屋のあちこちに注がれていることがわかります。レセプションという場は、親しい人と特定の取引や共通の話題で楽しむのみならず、コネクションの薄い人とさらに親交を深めたり、新たな人脈を築く場でもあります。従って、話をしながらも常に誰がどこにいるか、誰が誰と話をしているかをさりげなくチェックしているのです。言うまでもなく、あまり露骨にキョロキョロ視線を動かしていると「この人は自分の話を真面目に聞いていない」という悪印象を与えることになりますから、あくまでもさりげなくすることが肝心です。話題が盛り上がっていたら、ずっと同じ人と長時間話しこんでしまうことも、もちろんあります。でも限られた時間を有効に使って人脈を広げる場合、特にこれから知名度を上げなければならないという立場であれば、一人の人とずっと話しこむよりはなるべく多くの人と話をしたほうが良いので、常に他の人や目的の人がどこにいるかを頭に入れておきながら、一段落したところで話を切り上げて、目的の人に近づいて行けばよいのです。

⑵　話の切り上げ方

話が盛り上がっているところで、相手に違和感を与えずに話を切り上げるのは要領が要ります。特に二人きりで話をしている場合はなおさら難しい。3人以上で話をしている場合、相手の話の途中で「ちょっと失礼」と抜け出しても、残った人で話は続いていきますが、二人きりではそうはいきません。自分が話したいと思って狙っている人が一人になったと思っても、うまいことすぐその瞬間を捕まえることができず、その人が他の人と話をまた始めてしまったなんていうのはしょっちゅうです。こういう自分のタイミングで話をどうしても切り上げたい時は、外国人は正直に「申し訳ない、ちょっと話をしたい人がいるので」と半ば強引に話を打ち切ってしまうのをよく見ます。相手もレセプションでは、なるべく多くの人と話すべきと理解しているので、違和感を与えることはありません。「また今度ゆっくり話をしましょう」とか「今度一度ランチでもしながらお話ししましょう」と言えば失礼なく話を打ち切ることができます（もっともその場合でも必ずしもランチをしなければならないというわけではありません）。

同様に数時間立ち話をしていてそろそろ家路につきたいと思っても、なかなか話題が尽きずに切り上げにくい場合もあります。レセプションでは、誰か司会やホストが「宴もたけなわですが」などと閉会宣言するわけではないので、各自それぞれ帰りたい時に勝手に帰ることになります。従って家の遠い人は早く帰るし、話題が尽きたなと思ったら「さてじゃあ帰るか」とバラバラに各自会場を去って行くわけです。自分の親しい人とまだ話が盛り上がっているのに、帰りたいという場合も正直に「申し訳ないが、そろそろ帰るので」と言って話を打ち切ってしまっても失礼にはあたりません。日本のように「まああ、そう言わずもう少し」などと変に引き留めるようなことは外国ではないですし、たまに「まあと一杯だけ」と引き留められても、「いや行かねばならないので」と言い切ってしまえばたいていの相手は引き下がります。ですから遠慮することなく、きっぱりと帰るという意思表示をすればよいのです。

もし相手がそれほど親しい人ではないがどうしても話題が尽きない場合や、なかなか離してくれない場合は、奥の手として「ちょっとトイレに行ってくる」とか「ちょっと飲み物を取ってくる」と言って強引に場を去ることもあります。相手が親しい人には当然しませんが、そうでもない人であればこうして話を打ち切り、そのまま家路につくというやり方もやむを得ません。もっとも通常の場合でも「ちょっとトイレに行ってくる」と場を外しながらなかなか帰ってこないなと思ったら、トイレへの途中や帰りに誰か知った人を見つけ、そのまま話し込んでしまい、元の話の場には戻ってこないというのもよくあることなので、たとえ「ちょっと失礼」と場を離れ、そのまま戻らなくても必ずしも失礼にはあたりません。

いずれにしてもこうして立ち話をしながら飲んでいると、数時間もすると皆相当の量を飲んでかなり酔っている場合がほとんどです。自分自身もそうですが、終わりのほうになってくると、誰がいつ、どういう形でその場を去ったかというのははっきり言って覚えていません。後で気がついたら「そういえばあの人は、あのまま戻ってこなかったな」と思い出す程度ですから、言ってみれば最後の手段としてこれを逆手にとって、自分の去り時を作ってしまうのです。

相手にどう対応して去り時を作るかというのは、言うまでもなくその相手が自分にとってどれだけ重要であるかによって違います。大切にしたい相手であれば、当然礼を失することのないように挨拶をするでしょうし、そうでなければ前述した奥の手を使うこともある。いずれにしても日本ほど堅苦しく考えることはなく、相手によって使い分けをすればよいのです。

(3) 二人で話し込んでいる場には入り込まない

自分が知っている人を見つけて話をしたいと思っても、相手が誰か他の人と話し中の場合があります。相手が3人以上で話している場合は、なんとなく傍に寄って行って聞いていると、そのうちすっと間《ま》を空けて話題に入れてくれる場合もありますし、そこで輪が二つに分かれて別々の話をし始めることもあります。でも相手が二人きりで誰かと話をしている場合は、何か特定の取引の話をしていたり、二人だけの話をしている場合もあります。もし相手がどうでもよい話をしている場合は、こちらが近寄って行ったら「やあ」と言って話の中に入れてくれて、かつ既にそこにいる人を紹介してくれたり、こちらから自己紹介したりして3人で話が始まりますが、そうでない場合は目で挨拶だけして、話には加わらず一度場を離れるほうがスマートといえます。そしてぶらぶら歩きながらその相手の状況を視線の隅に入れながら、話が終わったと見たらスッと近づいて声を掛ける。そうすれば相手のプライベートな会話を邪魔することもないですし、ゆっくり話をすることができます。

(4)　異国人が母国語で話をしている場合

話をしやすそうな人がいても、相手が英語圏以外の国の人で母国語で話をしている場合があります。既に知っている人であれば、こちらが近づいていったら英語に切り替えてくれますし、全く知らない人でも気の利いた人なら、こちらが話の輪に入りたそうであれば、スッと英語に切り替えて話をしてくれます。でも、一向に母国語から切り替えない場合もあります。その場合は、なにか相手のプライベートな話であるか、こちらに対して全く興味がないのでしょう。反応がなければスッと場を去り他の話し相手を探すべくぶらぶらすればよいと思います。

同様にこちらが日本人同士で日本語で話をしていると、話し相手のいない外国人がふっと近寄ってきてなんとなく傍に立っている場合もあります。そういう時は、やはりこちらも日本語から英語に切り替えて話の輪に入れてあげるのが礼儀であると思います。しかし現実には、言葉にあまり自信のない日本人は、そういう場合でも日本語から切り替えることをせず、ひたすら日本語で話している人も珍しくありません。プライベートな話をしているなら別ですが、そうでなければ英語に切り替えてあげたほうが間違いなく人脈を広げる可能性は高まりますので、心がけたいところです。

(5) 話し相手がいない場合

業界のレセプションには自分の勤務先の仲間と一緒に出席する場合もありますし、自分ひとりで行く場合もあります。仲間と一緒であれば常に話し相手もいますし、自分たちが話している中に誰かが加わって話の輪が広がる場合もある。または自分は面識がなくとも、同行した仲間の知り合いと出会ってそこで自分の人脈が広がる場合もあります。しかしながら、自分ひとりで行く場合は、レセプション会場で話し相手を見つけなければ、行ったはいいがずっと壁の花で終わってしまい、行った意味がありません。ではひとりで参加している外国人はどうしているのでしょうか。

ひとりで参加して話し相手がいない外国人は、皆やはり飲み物片手にひたすらぶらぶらレセプション会場を歩き回っています。参加者が名札をつけた形式の場合は、ゆっくり人々の間を歩き回りながら、チロチロ各名札を見ている。もし自分と親しい企業から来ている人だとわかった場合や、話をしたいと思っている企業の人を見つけた場合には、そこでスッと話の輪の傍に立ち止まり、話の輪に入れるか様子を見ています。反応がなければまたぶらぶら歩き始め他の人々の名札に視線を送っている。名札がない形式の場合は、やはりぶらぶら歩きながら色々な話の輪に聞き耳を立て輪に入れるか様子を見ています。

こちらも自分ひとりでいて、相手もひとりである人を見つけたら、近づいて行けば自然に話を始めることができます。お互い自己紹介をして、相手がどういう仕事をしているかを聞き「仕事の調子はどう？（How is your business?）」みたいな感じで話が始まるのが一般的です。二人で話し始めると、同様にひとりぼっちで話し相手を探している人がぶらぶら近づいてきて、気がついたら話の輪が3人、4人と広がっていたということにも繋がるのです。

⑹　アフターケア

レセプション会場で新たに知り合った人で、「この人は」という人がいたら、翌日にでも「レセプションではお会いできてよかった」などの挨拶メールを送ると効果的であると思います。会場では皆が多くの人と話をしたいため、落ち着いて話ができませんし、数分で他の人と話し相手が入れ替わることも多いですから、もし具体的にもっと仕事の話をしたいという相手であったならば、改めてミーティングを申し入れるのは自然な流れです。

レセプションでの親しくなり具合によっては、「今度軽くランチでも」とか「お茶でも」という申し入れもあり得ます。しかしながら一般的にはまずはミーティングを設定してお互いの勤務先の状況をもっと深く聞き、距離感がもっと縮まってからランチを設定するほうが無難とはいえるでしょう。

第三章　外国人は日系企業の体質をどう見ているのか

読者の中には日系企業に勤めていたり、これから日系企業で働こう、そしてその上で外国人とビジネスをしてみようと思っておられる方も多いと思います。この章では、「敵の手の内を知る」ではないですが、外国人は日系企業の体質をどう見ているのかに触れてみたいと思います。彼らが問題視している部分がわかれば、それを克服したり改善することによって競合する他の日系企業と差別化することもできるし、外国人が考えている事の裏をかいて懐に飛び込むことにも繋げることができるのではないかと思うからです。

日系企業のスピード感

おそらくほぼ全員の外国人が感じているのではないかと思いますが、日系企業は総じて決断や判断が遅く、外資系企業に比べてスピードに劣ると思います。筆者自身が感じるだけでなく、筆者のまわりの外国人同僚や業界の人間は全員が口を揃えて言っていますので、残念ながらおそらく事実なのでしょう。では何故決断や判断が遅いのでしょうか。筆者の印象では日系企業では担当者から、その上の上司、更に上の上司、そして最終決裁者と意思決定ラインに多くの過程があり、それをひとつひとつ経ていかないと決定がなされないという組織的な問題があるのではないかと思います。従って担当者レベルで判断できることに一定の限界があり、しかるべき意思決定権限者の判断を仰がないと、取引先に対して会社としての意思を伝えることができない。筆者も日系銀行時代に経験がありますが、いわゆる「稟議書」というものに各上司の判子が並んで最後一番上の上司まで判子が押されて初めて物事が決まります。

筆者の勤務先のドイツ系銀行ではそういうことがありません。決裁書は決裁書として形式は整えますが、なにかの意思決定を取引先に対してしなければならない場合には、最初から最終意思決定者かそれに近いレベルの上司を交えて社内協議をし、全員一致での判断をある程度早い段階で持つことができます。一般に物事の判断には下から意見を上げていく「ボトムアップ型」と一番上から「こうしろ」と判断が降りてくる「トップダウン型」とがあると思いますが、上から下まで同席した会議で物事を全員一緒に議論するので、どちらの型であるにしろ、早く結論を出すことができます。またある程度会社としての方針がわかっている担当者であれば、そういう全員一緒の会議を経るまでもなく、取引先に対して会社としての判断を伝えることもあり得ます。もちろん正式には最終決裁が取れる前提でということは必ず相手に伝えますが、少なくとも社内で案件を稟議に回して最終意思決定権限者に話がまわるまで、取引先を待たせるということはありません。

前章で述べたように、取引先との関係は会社対会社というよりも、各担当者に帰属する意識がありますので、各担当者は自分の責任において一定の判断を会社に成り代わってすることが多いのです。こう書くと「ではその判断が間違った場合には責任を問われてクビになるのではないか」と思われる方もおられるでしょう。もちろん多大な損失を自分の会社あるいは取引先に及ぼす可能性のある重要な判断を担当者がして、それが間違いだった場合はそういうケースもあることは否定しません。しかしながらそれほどの重大な結果を生じる可能性のある案件であれば、そもそも担当者は自分個人の判断で動いたりはしません。重大案件は取引先もその重大さをわかっているわけで、必然的に慎重な判断を要し、そのためには多少時間がかかることも先方は想定しているわけですから、先方に了承させた上で重大案件についてはしかるべき意思決定者まで伝えた上で判断を下すことになります。要は、担当者レベルで案件の重大性を識別し、その重大性の大小により臨機応変に判断をしてどんどん話を進めていくのです。会社としても重大性の低い案件については担当者に判断を任せる体質にあり、逆に言えばそういう重大性の識別ができない担当者は担当者としての資質を疑われることにもなります。

日系企業では、そういう重大性の識別を担当者に任せず、重大性の大小に拘わらず全ての案件について一律本部に諮《はか》らなければ会社としての判断を取引先に出せない場合が少なくありません。そのため外国人から見ると、「こんな小さな事でもいちいち上の判断を仰がなければならないのか」という不信感につながったりします。さらに問題なのは、たとえば日系企業のロンドンのオフィスとやりとりしていても、日本国内の本部の判断を仰がなければならないとなると、時差の問題もあり余計にスピードが遅く感じられます。もちろんリスクを軽視してはいけませんし、判断に慎重になるのは理解できますが、外国の企業のように現場や担当者にもっと意思決定を任せるという合理性が日系企業にもう少しあっても良いのではないかとは思います。一部の日系企業ではヨーロッパにあるオフィスを現地法人化し、現場に最大限の決定権限を与えて、いちいち日本とやりとりせずに取引案件を進めさせているところもあります。そういう所は、現地の企業と対等のスピード感でやりあうことができているわけですから、他の日系企業でも可能なのではないかと思います。

日系企業の効率性

前述したスピード感ともつながることですが、日系企業と交渉していると効率の悪さも感じることが多々あります。たとえば取引案件を共同でする場合、案件概要などを渡して先方に参加可能か吟味してもらうことがあります。社内で検討してもらい何か質問や問題点があれば、なんなりと出してもらい協議をしようというものですが、担当者レベルで色々フィードバックを受け取って、それに基づき案件概要を修正して進めていくと、何日かして再び追加の質問や問題点が出てきたりする。時には最初のフィードバックではできると言っていたことが、次のフィードバックではできないとひっくり返ったりする。契約書の作成（ドキュメンテーション）はその度に中断したりしますし、顧客との交渉にも影響を与えます。一体何故最初からまとめてフィードバックを出してこないのかと思いますが、おそらく、日系企業では社内で話を上司に上げていくに従って、どんどん追加の条件が出てきたり、判断が覆《くつがえ》されたりするのではないかと思います。

外資系企業では、関係する担当者とその上司、さらにその上の上司まで一緒に参加する社内会議でフィードバックは一度にまとめられるので、そういうことはありません。案件の概要をまとめる段階でほぼ全ての条件や要望が示され、概要書に反映されるので、それに基づいて顧客の会社も社内で話を進めることができ、契約書作成にスムーズに移行することができます。

もちろん、社内の正式決裁を取る段階で条件が追加されたり修正されることはありません。しかしながら日系企業に比べると割合は少ないのではないでしょうか。顧客からすると、こういう概要で案件ができる、という見込みに基づいて社内でも話を進め、こちらの会社にマンデート（業務の委任契約）を出すことにより他にオファー（条件の提示）を出してくれている金融機関を断ったりしているわけですから、それが後で話がひっくり返ったり、条件の大幅な変更を余儀なくされたりすると、「この会社に任せて本当に大丈夫なのだろうか」というエクセキューションリスク（実行可能かどうかについてのリスク）の面で信頼を得ることができません。

グローバル化の進んだ日系企業は、外国の企業と同等の効率性を持ち案件をこなしている所もたくさんありますが、日系企業の一部には、こういうエクセキューションリスクの面で十分海外で信用を得ていないところが多いのではないかと思います。

日系企業の柔軟性

日系企業と契約書の作成をしていて気づくのは、日系企業は非常に細部にわたって条項をチェックし、いろんな可能性に備えるべく対応しようとしていることです。それ自体は全く問題ではないですし、契約社会のアメリカなどの企業とやりあうには当然の自己防衛であると思います。しかしながら、時には現実的に極度に可能性が低いような事項に対しても、過剰と思われるぐらい固執することがあるのも事実であると思います。

ある日系企業と交渉していた時、将来税制が変わって案件に関わる税金の支払いが増えた場合の対応について揉《も》めたことがありました。通常はそういう場合に誰が負担するのかなどの対応は契約書の中に常に自動的に含まれるのですが、その企業との交渉の場合は先方担当者がその枠を越えて、現実的には可能性が低い事由に対してこだわってきたのでした。しかもさらに問題だったのは、その企業とは長い付き合いがあって、それまではその事由は問題にならなかったのに、ある案件に限って急に話を持ち出してきたことでした。先方が問題視しているポイントは間違ってはいませんが、現実的に問題化する可能性がどれだけあるのか、さらに協議している相手との付き合いの長さによる信頼関係を勘案すれば、そこまでこだわる問題ではないと思われました。言うまでもなくそこまでの信頼関係の無い相手との協議においては、そこまで突っ込んで要求を出すことはあり得ますが、そうではない場合は、交渉している相手からすると「そんなにこちらを信用できないのか」という不信感しか生まれません。長い時間をかけて築き上げてきた信頼関係も、壊してしまうことになります。この日系企業とはそれまで良好な取引関係を長く続けていましたが、この交渉で揉めた時は、「あの担当者は何だ」、「あの会社とはもう取り引きすべきではない」という声が筆者の勤務先の中で随分出たのを覚えています。

海外では、考え方も文化も違う国々の人を相手にビジネスをするわけですから、フレキシブルな対応をしようとしても、前述の例のように見方が全く異なったり、どうしても譲れないという事由は当然出てくるでしょう。その場合は、相手に対して懇切丁寧に根拠を説明し、相手が納得するまで説明をする熱意と努力も重要であると思います。

日系企業の管理能力

この章ではこれまで外国人が日系企業に対して割とネガティブに見ているような事を書いてきました。では彼らは日系企業を全く否定的に見ているのかというと、もちろんそんなことは決してありません。それどころか、むしろ全体的に見れば日系企業は管理能力がしっかりしており、きっちり物事をこなすという点では揺るぎない信頼感を持っていると思って間違いないと思います。数年前にトヨタ自動車の販売する車に問題点が見つかり社会問題になったことがありましたが、その時でも筆者のまわりではトヨタ車に対する信頼感は全く変わりませんでした。多少の問題があったとしても、それは特定の問題でしかなく、日系企業の根本的な管理能力が揺らぐものではないということを、外国人は理解しているからです。

前述したスピード感や、効率性、柔軟性の違いは、日本の企業だけの問題ではなく、他の国々と取り引きしていれば当然出てくる問題です。南欧や中東など、ヨーロッパからすれば対応が著しく遅いという国々は他にもたくさんあります。従って外国人は日系企業に特異性を感じているわけではありません。日系企業との取引経験が長ければ長いほど、深ければ深いほど、外国人は日本の企業組織のあり方、意思決定のあり方を理解するわけで、日系企業と取り引きするということはこういうことだと理解し、その理解に基づいて取り引きしていくわけです。

ところで昨今は西欧の外国人とのアジアの取引相手としては中国が台頭してきていま す。中国の企業は日本以上に資金の供給力があり、多くのプロジェクトに積極的に参加してきています。しかしながら中国に対する信用となると、まだほとんどありません。中国は仕事のクオリティの面でまだまだ十分でないですし、管理能力においても決められた日にきっちり資金決済をするという意識が薄いのか、何度となく支払いが遅れ、それでいて平然としていたりするからです。さらに何か問題が発生した場合の法制度や、問題に対応する保険制度などが整っていないという実態も信用力の欠如を生む要因になっています。ですから、外国人からすると豊富な資金力の面からは重要なビジネスパートナーにはなってきていますが、真の信頼できるビジネスパートナーになるにはまだまだ時間がかかるのではないかと思います。

これに対して日本人や日本の企業は信用に値するというのは長い歴史を通して、外国人の理解の中に深く浸透しています。この点は他のどこの国にも負けていないぐらいの自信を持ってよいところであると思います。

第四章　三つの効用

名刺の効用

筆者が「ビジネスコミュニケーションにおける必須アイテムは何か」と聞かれたら、迷わず名刺と答えます。自分の名刺もそうですし、過去にいろんな取引先から集めた名刺もそうです。ビジネスにおいてはネットワークの大きさが成功の秘訣であると思いますし、名刺はネットワーク拡大に必要なコミュニケーションの武器として色々な効用があると考えるからです。以下筆者が考える名刺の効用を詳しく見てみます。

(1) 名刺は単に連絡先を交換する手段にすぎない

日本ではどんな場合でも、まず名刺を交換するところから全てが始まります。まず会ったら両手で相手の名刺を恭《うやうや》しく受け取り、自分の名刺を渡してお辞儀をしてからでないとビジネスリレーションシップは始まりません。しかしながら海外では、全く違います。会って必ず最初に交換すべきものでもないし、そもそも渡さなければならないものでもない。レセプションなど大勢の人が集まる場では、一緒の輪で話しているけど、名前を知らないで話しているなんてことすらあります。

自分の名刺を持ってきていないとか、切らしてしまって、相手の名刺はもらったけど自分の名刺は渡せないという、日本では失礼にあたるような事でも海外ではしょっちゅうあります。その場合は後日郵送するとか後日メールで自分の詳細を送るなどで対応するのです（そう言いながら、すっかり忘れられて一向に連絡が来ないことも多いですが）。また外国人は日本みたいに自分の名刺をきちんと名刺入れに入れて持ち歩くという習慣もあまりないですから（たいていは財布に入れていて薄汚れていたりする）、レセプションなどでだいぶお酒が入っている状態で名刺交換をしようとすると自分の名刺と他の人にもらった名刺をごっちゃにポケットに入れていて自分の名刺がすぐ出てこず探し回るなんてことすらあります。確かにレセプションのように何十枚も名刺交換するような場合は、日本でのようにいちいち名刺入れから出して差し出すなんてことは効率悪いですから、自分の名刺の束は背広の胸ポケットに入れ、他の人からもらった名刺は背広の横ポケットに入れるなど場所を決めておくなどの工夫が必要であると思います。

ミーティングで名刺交換する場合は日本のように礼儀正しくするという意識はなく、会議テーブルの上を滑らせるように相手に渡すことすらあります。それも失礼ではないのです。あくまでも相手と自分の人対人でコミュニケーションをすることが重要であり、名刺はあくまでもお互いの連絡先を記した紙を交換する手段に過ぎないのです。

⑵ 名刺は渡した者勝ち

外国人にとっては名刺は単なる連絡先を交換する手段に過ぎないとしても、知名度を上げたい、自分の存在感を高めたい立場のこちらにしてみれば、外国人のように手持ちの名刺を切らしたとか、名刺を持っていくのを忘れたなどというのは、絶対避けたいことです。常に十分な数の名刺を身につけ、いつどんな場合でもすぐ渡せるようにしておくことはビジネスコミュニケーションの基本であると思います。

以前に会ったことがあると思う相手でも、その時に名刺を渡したかお互いに覚えていないこともあるでしょう。その時は「念のため」と言ってとにかく名刺を渡してしまうに限ります。同じ人に自分の名刺を何枚渡しても良いのです。全く渡さないよりずっと良いわけですから、惜しむことなく自分の名刺を渡すべきだと思います。筆者が以前取り引きしていた会社の社長は何度会っても、会うたびに名刺を渡してきました。筆者だけでなく、他の人にも渡しているようで、でも会うと筆者の顔と名前は覚えてくれている。要はこちらに会ったことを覚えていないのではなく、自分が名刺を渡したことを覚えていないから毎回くれるのです。おかげで彼の名刺でトランプができるくらいたくさん、彼の同じ名刺が筆者の手元にはあります。

(3) 名刺の裏に会った記録をつける

これは日本では多くの人がビジネスにおいて当たり前のように実践していることですが、もらった名刺の裏に相手と会った日や場所、同行した人、相手の特徴などを記録しておくのはビジネスコミュニケーションにおいて基本だと思います。しかしながら外国人はそこまでマメにする人はあまりいないので、名刺をもらってもどこで会ったか、いつ会ったか覚えていない人が多いのです。筆者はもらった名刺には必ず相手と会った機会の詳細はもちろん、相手の外見的特徴や相手から聞いたバックグラウンドなどの情報を書き記しています。どこの学校を出たとか、どこの企業に以前いたとか、いつから現在の会社にいるとか、趣味であるとか家族構成であるとか、なんでもよいので、知りうる限りの相手の情報をもらった名刺の裏に書いています。そして次にその相手と会うときには、事前に相手の情報の復習にも使えますし、相手との会話の話題に使ったりする。相手からすると、自分の事をそれだけ覚えていてくれるという印象を持ってくれますので、それだけ親近感を持ってもらえることに繋がります。外国人同士ではそこまでしないことを勘案すれば、なおさら強く印象付けることができるのです。

(4) 名刺はネットワーク管理の基礎情報

人によっては、もらった名刺の情報はパソコンに打ち込んで管理し、名刺そのものはあまり重要と思わない人もいるでしょう。でも多くの人はもらった名刺をそのまま名刺フォルダーなどに入れて手元に持って管理しているのではないでしょうか。自分のビジネスネットワークを管理する上では名刺は相手の連絡先や名前、それに自分が記録した出会った機会の詳細や相手の情報など、コミュニケーションにおいては必須となる情報がぎっしり詰まった重要な情報ツールになります。ですからビジネスをする上ではこれほど大切なものはありません。もし勤務先で火事などがあって、何を持って逃げるかといえば、真っ先に名刺フォルダーを持って逃げると言う人もいるくらいです。書類などは再作成すればなんとかなるが、過去にいろんな所で出会った膨大な数の人の名刺は二度と手に入らないからです。自分の持っているビジネスネットワークは自分のノウハウの一部であると考えれば、自分の過去のビジネス経験の歴史が詰まっているといっても過言ではないでしょう。

ところが外国人はそこまで名刺を重要視していないため、管理もとても雑です。名刺フォルダーにきちんと整理せず、机の上にただ束にして山積みにしているなどというのもザラです。ある外国人スタッフは、ある日うっかり名刺入れをゴミ箱の上に立てかけたまま帰宅してしまったことがあります。翌日彼が出社すると、名刺入れはゴミと間違えられてゴミ箱の中身とともに捨てられていました。これは極端な失敗例ですが、いかに外国人の名刺管理が雑であるか示した例です。誰かの連絡先が必要という肝心な時にすぐ見つからない。そして筆者に「誰々の連絡先を探しているのだが、彼の名刺を持っていたら貸してくれないか」と聞いてきたりする。そういう時にうっかり貸してしまうと、まずほとんど戻ってくることがありません。「後で返すから」と言いながら、たとえば連絡した時相手に繋がらなかったので後でもう一度使おうなどと思い、自分の手元に置いておくのでしょう。そのうち借りたことすら忘れてしまってそのままどっかへ行ってしまって無くなったなんてことは数え切れません。ですから、「貸してくれ」と言ってきた場合は、よほどしっかり後でちゃんと返してくるという人でない限りはコピーを取って渡し、名刺の現物は渡さないようにしています。貴重なネットワーク情報を守るためには自己防衛するしかないのです。

(5)　ランチでの効用

取引先とミーティングをする場合はノートなどを持参してミーティングの内容を記録に取り、後でミーティングメモを作成するのに使いますが、場合によってはランチをとりながら情報交換をすることもあります。その場合、きちっとしたレストランで話をしながら、テーブルの上で皿やグラスの横に大きなノートを広げてメモを取るのは、リラックスした雰囲気も壊すしあまり格好の良いものではありません。とはいえ、忘れてはならないような重要な情報が相手から出てくる場合もある。覚えておいて帰ってからメモを取れれば良いが、詳細まで覚えていられるかわからないし、ましてやランチでワインでも飲みながらであれば、一層正確に覚えていられない可能性が出てきます。

こういう場合は自分の名刺が役に立ちます。自分の名刺の裏面を使ってさりげなくメモすれば、目立つことなく重要な情報を記録し持ち帰ることが可能になります。ランチの場所でなくとも、立食のレセプションなどノートを抱えていられない場所で、忘れてはいけないような情報を覚えておきたい場合も、やはり同様に自分の名刺の裏を使えばスマートにメモを取ることができます。

ところで「名刺の効用」からはちょっと話がそれますが、日本人の中には「ニック」とか「アンディ」とか外国人のようなニックネームをつけて外国人に呼ばせ、名刺にも書いている人が多くいます。主に商社の人に多いので、商社の世界の慣習ではないかとも思いますし、日本人に限らず中国人や英語圏以外のヨーロッパの人も同じようなことをしている人は多いので、おかしいとは思いません。実際日本人の名前は長かったり発音が難しかったりして、外国人に覚えてもらうには不利であったりするのも事実だと思いますので、名前を覚えてもらうという根本的な目的においてはひとつのやり方であるとは思います。ただ筆者からすると、自分の名前の発音に近い英語名をニックネームにするのはまだしも、名前の発音に全く似ても似つかぬ英語名で、しかもその人の風貌ともあまりにもかけ離れた英語のニックネームは違和感を禁じえないのも事実です。おそらく自分の好きな英語名を勝手にニックネームとして使っているのでしょうが、典型的な日本人の風貌なのに「ダグラス」とか呼ばせていても「これはちょっとなあ」と思ってしまうのは筆者だけでしょうか。さらに中にはどういう意図でそういうニックネームをつけたのか、「スピード」と呼ばせている人もいます。しかし「スピード」というのは麻薬の名前である事に気がつかなかったのでしょうか。「クイック」と呼ばせている人もいます。でもその人はミーティングでは半分居眠りをしているような人で、「一体彼のどこがクイックなんだ？」と外国人たちの物笑いの種になっています。いずれにしても「名前を覚えてもらう」という目的は確かに達成しているとは思えますが、もう少し考えてニックネームをつければいいのにとは思ってしまいますね。

筆者の「まさひで」という名前は外国人からすると難しい発音らしいので、ロンドンに来た時から外国人には「マサ」と呼ばせ、名刺にも「まさひで」とは書いていません。ですから筆者が「まさひで」という名前であることは実は知らない外国人も多くいます。でも逆に筆者の所属するヨーロッパの業界で「マサ」といえば筆者の事を多くの外国人が思い出してくれるぐらい、「マサ」という名前は浸透しましたので、できれば他の日本人にも、外国人の名前を真似するのではなく、自分の本名やそれに似たニックネームで勝負して欲しいものだとは思います。存在を認めてもらえば難しい名前でも覚えてもらえますし、ありきたりな英語名のニックネームより日本人の独特の名前のほうがユニークであり、印象に強く残り、名前と顔を直結してもらえるという利点もあります。いずれにしても名前から入るのではなく、発言の中身や人間性で認めてもらうことを目指していただきたいと思います。

ちなみに、外国人が日本人の名前を呼ぶ場合、結構親しいのにいつまでもMr.誰々とラストネームで呼び続ける人が多く不思議に思うことがあります。他の国々の人には割合早い段階でファーストネームで呼び始めるのに、日本人に対してはいつまでもMr.誰々と改まったような呼び方で呼ぶ。実は外国人の多くは日本やドイツという一部の国では、同じ国民同士でもファーストネームではなくラストネームに敬称をつけて呼ぶ習慣があることを知っています。従ってファーストネームで呼ぶことは失礼に当たるという認識が一部であるようです。

筆者はいつも「マサと呼んでくれ」と言って、Mr.で呼ばれるのをなるべく早い段階でやめさせることにしています。敬称をつけて呼ばなければと改まった気持ちで接しているうちは、本当に心を開いて付き合うことができないだろうと思うからです。外国人同士のやりとりを見ていても、ラストネームで呼んで来る相手に対しては同じようにリクエストをしていますし、相手もホッとしたような顔になって打ち解けるのが早くなるように感じます。小さなことですが、彼らの懐に入るための垣根の一つを取り除くことになると言っても過言ではないと思います。もっともMr.付きで呼ぶのにずいぶん慣れてしまってからファーストネームに呼び換えてくれと頼んでも、相手も今さら気恥ずかしくなったりして、なかなか変えられない場合もありますので、ほぼ初対面の時点でファーストネームで呼ばせるのが得策であると思います。

言い回しの効用

「まえがき」にも書きましたが、ビジネスでよく使う言い回しをいわゆる「ビジネス英語」としてあたかも特別なもののように意識するのはおかしいと筆者は考えています。ビジネスで使う言い回しはあくまでも日常生活で普段使用する言い回しの延長でしかなく、しかも「ビジネス英語」であるか否かの境界線はきわめてあいまいであると思います。ビジネスで使用する言い回しは普段の日常生活の中でもよく使いますし、逆にビジネスの場でも親密度の高い取引先との間であれば、日本で言う「ビジネス英語」など使わず日常の言い回しでやりとりもします。

この項では、筆者のビジネス経験の中でよく耳にする基本的な言い回しで、外国人とのコミュニケーションの向上に役立つと思われるものをいくつか挙げてみたいと思います。当然ながらビジネス上よく使う言い回しは数え切れないほどありますし、人によってもどういう言い回しをよく使うかは異なります。しかしながらここで挙げる言い回しは、ごく基本的な言い方でありながら、ビジネスの場ではしょっちゅう耳にするものです。一例として参考になればと思います。

(1) 始まりのあいさつ

言うまでもなくビジネスコミュニケーションも挨拶から始まります。外国人とやりとりしていて一番驚かされるのが、どんなに急にばったり出会った時でも瞬時に相手の名前を挨拶の後に付けることです。たとえば廊下でバッタリすれ違う場合でも 'Hi, Masa.' とか 'Hello, Masa.' などのように必ず 'Masa' という筆者の名前をつけてきます。しょっちゅう会っている相手であるとか、遠くから来るのが見えている場合、会議室などで順番に一人ひとり挨拶するなど時間的余裕がある場合は簡単ですが、予想外の場所で予想外のタイミングで出会った場合でもコンマ何秒かの間ですかさず、名前を必ずつけてくるのは正直筆者にはできません。普段そんなに話す相手でもない人であったりしたら、'Hello…'（えーっと名前なんだっけ？）となって名前が出てくる頃には相手はもう通り過ぎている。見ていると他の人に対しても同様に名前を瞬時に呼んでいるので、決して筆者が有名人だとかいう理由ではなさそうです。こちらも同じようにしようとしても、結局よほど親しい人でなければ 'Hi.' あるいは 'Hello.' だけになってしまいますが、やはり名前を付けて呼ばれると間違いなく親近感は強まりますから、なるべく瞬時に名前を付けられるよう、努力をしたいところです。

同様に話をしながらも「従ってこれはね、Masa」というような感じで、合間にしょっちゅう相手の名前を入れてくるのも真似をしたいところです。難しい議論や交渉であっても険悪な雰囲気になるのを避けることができます。この場合は相手の名前を入れるぞと考える時間的余裕がありますので、予想外の挨拶の時よりは楽なのではないでしょうか。

外国人とのコミュニケーションでもうひとつ気づくことに、しょっちゅう 'How are you?' と声を掛けることがあります。たとえば何かの交渉において先程電話したが、数時間後にまたもう一度電話をすることがあったとします。その場合先程 'How are you?' と挨拶を交わして話をしたのに、今回もまた同じ挨拶を交わすのです。「ついさっき挨拶したのに」とも思いますが、決して相手がこちらの状態をいつも心配しているわけでも、相手が先程挨拶したことをすっかり忘れているわけでもなく、ひとつの言い回しとしてあまり意味なく使っていると理解してよいでしょう。

ビジネス相手との挨拶においては、この 'How are you?' とか 'Hello?' が一番簡単で無難な言い方ではないかと思います。親しい取引先であれば、'What's up?' とか言ったりしますが、'How are you?' などの後に続けて 'How is your business?' とか 'How is life?' などと続けるのがよくあるパターンだと思います。

なお筆者の仲の良い日本人で、ある会社の現地事務所の所長として駐在している人がいます。彼の直通電話に電話するといつも彼は 'Hello?' ではなく 'Yah?' と言って電話をとります。きっと事務所で一番偉い人ですから、ふんぞりかえって、足を机の上に投げ出したりなんかして、部下からの電話をいつもそうやって受けているのでしょう。こちらが名乗ると「あっ！　これは、これは久保さん、いつもお世話になっております！」と急に態度が変わる。きっと部下ではないとわかった瞬間に椅子から飛び上がって身を正しているんだろうなという様子が目に浮かびます。筆者は彼と知り合って長いので彼が傲慢な人ではないことはよく知っていますが、そうでない人からしたら「なんて横柄な人なんだろう」と誤解を与える可能性があります。コミュニケーションにおいては、いつ誰から連絡が入っても即座に対応できるような態勢でいるべきだと思います。

ちょっと横道にそれましたが、それでは'How are you?'と聞かれた場合によく耳にする返答のパターンを見てみましょう。一般的なのはやはり'I'm fine.'だと思います。他のパターンでは'I'm good.'とか'I'm great.''I'm marvellous.'という言い方もします。決して「私は偉大だ」とか「私は素晴らしい」などと答えているわけではありません。「気分が最高だ」とか「気分が素晴らしい」と答えているのであって、'feeling'という単語を'I'm'の後に想定すればわかりやすいかと思います。ちなみに簡単に'OK.'と答える場合もよくありますが、この場合は実はあまり気分は優れない場合の返答です。「良くもないが悪くもない」といったところでしょうか。'OK.'と答えるとたいていは'Just OK?'と聞き返されたりしますので、本当に気分がいまいちの時でなければあまり使わないほうがよいと思います。

(2)　依頼や質問をする時

同僚や取引先に何か資料を送ってもらうなど、何か依頼をする時、何か質問をする時には'Could you do me a favour?'とか'I wonder if you can help me.'

などの言い方が丁寧な言い方としてよく使われます。もう少し親しい相手であれば、
'Sorry to bother you.' とか 'Do you mind providing me…?'
などと言って話を切り出すこともあります。
メールで依頼をする場合は、
'We would be grateful if you could provide us…' とか 'It would be appreciated if you could provide us…'
などが礼儀を伴った言い方の基本形だと思います。また文末には、
'Sorry for the inconvenience.'
という形で改めて謝りの言葉をよく入れます。
ちなみに何か質問をする時に 'Question for you.' などとぶしつけに聞く人がいますが、これはあまりにも無遠慮な言い方であり、相手が自分より格下か同等でなければ避けるべき言い方であると思います。

(3) 依頼をされた時

逆に同僚や取引先がなにかこちらに依頼をしてくる場合の返答のパターンを見てみましょう。一般的には 'What can I do for you?' という言い方が丁寧であると思います。間

違っても 'What do you want?' などとはビジネスでは使いません。別の言い方としては 'Is there anything I can do for you?' とか 'Please do not hesitate to ask me anything.' という言い方も丁寧な受け答えであると思います。

依頼を受けた後、後日連絡しますという言い方として、

'I will get back to you as soon as possible.'

あるいは、

'I will revert as soon as I can.'

というような言い方をよくします。「なるべく早く」という意思を伝えるために 'as soon as' と使っていますが、単純に「後日」という意味で 'in due course' と使う場合もよくあります。更にもっと簡略化して 'will get back' とか 'will revert' と言う場合もありますが、相手との距離感が若干近い場合でしょう。

(4) 相手の言った事を聞きなおす時

相手の言った事が聞き取れず、再度言い直してもらう時日本では 'I beg your pardon?' という言い方を習った気がします。しかし実際のビジネスの場ではこれは相当に丁寧な場合です。通常は取引先でも単に 'Pardon?' でよく、別の言い方の 'Sorry?' とか 'Excuse me?' と共によく使う短い言い方であると思います。相手が部下や同僚などの場合はもっぱら 'Say again?' という言い方が一般的だと思います。'Could you repeat?' とか 'What did you say?' などと言うこともありますが、ちょっと堅い言い方でありあまり使いません。

ちなみに何度聞いても聞き取れず、何回も相手に聞きなおすことがありますが、単純に 'Say again? Say again?' と聞き返しても相手もイライラするだけですから、ちょっと雰囲気を和らげるためにも、

'Sorry, my brain is sleeping today.'

とか、

'My brain is not working today.'

などと冗談めかして付け加えることもあります。

一方で、聞いたことに対する自分の解釈が全く違っていて、全くトンチンカンなことを聞いてしまったとしましょう。その場合、よく耳にする言い方が 'Sorry, I'm talking rubbish.' という言い方です。「この人は一体何を言ってるんだ?」と相手が不審に思いそうになるところを、半分冗談で切り抜ける、取引先にも通用する上手い言い方だと思います。

⑸　不明点を明らかにしようとする時

ビジネスでの会話の中で、なにかあいまいである事をはっきりさせたい場合、勘違いをしないよう注意喚起しようとする場合によく使う言い方が、'For the sake of good order' とか 'For the avoidance of doubt' とかいう言い方です。いずれも「念のため」という意味で、For the sake of good order, the price does not include …（念のため、その価格は〜を含みません）のように使われます。非常に丁寧な言い方で、口頭でもメールでも使用します。また何か他の話をしていて、関連づけて不明点をはっきりさせたいというような場合、

'I would like to take this opportunity to clarify…'

という言い方もします。この 'I would like to take this opportunity…' というフレーズはたとえば、後に 'to thank you for your cooperation' などと続けると「この場をお借りしてご協力に御礼申し上げたい」など汎用性の高い言い方と言えます。

相手が格下の人であれば、不明点をはっきりさせようとする時に 'What do you mean?' とか 'What is your point?' などと直接的に聞くことはあります。あるいは 'Can you elaborate on your view?' などと言ってもっと具体的に説明をしてくれという言い

方も比較的よく使います。

(6) 前向きな回答をする時、同意する時

相手から何か依頼を受けた事に対して前向きな返答をする場合は、'We are pleased to advise you...' が基本的な言い方でしょう。'We are happy to accept your proposal.' などのように 'happy to' を 'pleased to' の代わりに使うことも可能です。

また相手の意見に対して同意する場合、全面的に同意するのであれば 'I agree with you.' あるいは 'I fully agree with you.' ですが、そこまでもろ手を挙げて賛同していないのであれば 'We share your view.' とか 'It is acceptable to us.' という言い方をすると若干賛同感を抑えたニュアンスになります。また相手の意見が必ずしも正しいとは思えないのだけども、妥協して受け入れてもいいかと思える状態では 'I can live with that.' とか 'It works for us.' という言い方をよく使います。さらに同意はしたくないが、かといって完全に否定もしないような場合は 'I take your point.' と言って「一理ありますね」というニュアンスで使う場合もあります。

(7) 否定的な回答をする時、謝る時

前項でも書きましたが、相手に対して否定的な回答をする場合は'I'm sorry for…'という言い方の他に'Apologies for…'という言い方をするとより丁寧な言い方になります。同様に'regrettably'とか'we regret'という言い方も丁寧でよく使います。もちろん'I'm afraid'という言い方もビジネス上使って全く問題ありません。

何か相手の不都合になるような事を起こしてしまい謝る場合、より丁寧な言い方としてはやはり'I'm sorry.'と言うよりは'Apologies.'と言うほうが一般的です。程度によって心をこめて謝っている意思を伝えたい場合は、'Apologies'の前にSincereなどをつけて'Sincere apologies.'などと言うことがあります。なお、よく日本では「海外では簡単に自分の責任を認めると損害請求を起こされるので、簡単には自分の非を認めてはいけない」ということを言われます。これは間違ってはいませんが、相手と場合によるということも理解しておくべきではないかと思います。たとえば車を運転してぶつけてしまった、などという場合は確かに簡単に非を認めてはいけないというのは事実です。これは全面的に責任を認めてしまうと、その後の損害賠償交渉にネガティブな影響を与えてしまうからです。でも道を歩いていて肩がぶつかったり、足を踏んだなどの場合は'Sorry'と即座に言いますから、損害賠償の問題になるか否かというのは一つの判断基準であろうとは思います。ちなみに日本ではそういう軽微な事項で謝る場合は'Sorry'ではなく'Excuse me'

でよいと習った記憶もあります。でも今日では割合この二つの言い回しがごっちゃになってきており外国人も深い意味はなく'Sorry'と気軽に使っている印象があります。もちろん'Sorry'のほうが'Excuse me'よりも謝意は強いのは事実ですが、「この場合は'Sorry'だろうか'Excuse me'だろうか」と悩むくらいだったら、常に'Sorry'で通してしまったほうが楽であり無難であるとも思います。

ビジネスの世界で、こちらが計算間違いをしたとか、期日に遅れたとか、軽微なことで明らかにこちらがミスした場合に謝らないと、「責任逃れ」「傲慢」と受け取られ信用を失くすことになります。そこのところをわからずに、「外国では簡単に非を認めてはいけないのだ」と勘違いして、なかなか謝らないのでは相手の心証を悪くするばかりです。もし相手側にも問題があると思われる場合は、明確にそれを指摘しますし、こちらは絶対間違ったことをしていないと思われる場合は、相手の主張に異論があるとはっきりこちらも主張します。ただしその場合でも、'We appreciate your view. However, we have to say we do not agree with you.'などと相手の言い分を尊重する言葉を添えるべきで、いきなりけんか腰で「あなたは間違っている」などとは言いません。

筆者のまわりでも、この辺の対応がまずいばかりに外国人と意思疎通に支障をきたしている日本人が少なくありません。ある人は口癖のように'You are wrong.'と言いますし、ある人はこれまた口癖のように'No, No, No, No, No.'と外国人の言う事を否定する。こういう一方的に相手を全否定するような言い方ではコミュニケーションになりません。外国人たちは陰で「あの日本人とは話ができん」と囁《ささや》き合い、この日本人たちとのコミュニケーションを避けてしまうのです。

(8)　お礼の意を示す時

ビジネス上のやりとりにおいても日常よく使う'Thank you.'は当然使いますが、丁寧な言い方をしようとする場合は、'Thank you for your...'の後に'We appreciate your kind understanding.'とか、'Your understanding is much appreciated.' 'It is extremely helpful.'などと続けて謝意を強めて言うことが多いです。親密な取引先などとのやりとりにおいてはそこまで丁寧に言わず、'Thank you.'で済ますことが多いですが、'Thank you very much.'よりは'Many thanks.'、アメリカであれば'Thanks a lot.'のほうがより一般的であるかと思います。また親密な取引先に対してもっと謝意を強めて言いたい場合は、'Thanks a million.'というくだけた言い方ですらビジネスでも使います。

なお、上司に対してお礼を言うときは少しだけ注意を要します。以前、ある日本人スタッフは、上司である私に対してメールで英語で返事をするときに、'Thanks.' とひと言だけ送ってきたことがありました。'Dear Masa' と書くわけでもなく、'Regards,' もありません。しかしこれは、外国人の間ではあり得ません。上司に対しても、ファーストネームで呼んでもかまわないと前に書きました。それはあくまでも距離感を縮めて親しみをこめて呼んでもかまわないという意味であり、自分と同等に扱っても良いという意味ではありません。単にひと言 'Thanks.' と記すと、「ありがとう」や「どうも」というようなニュアンスに伝わり、リスペクトが感じられません。外国人たちは、上司に対してお礼のメールを送るときは、必ず 'Dear 誰々,' のようにまず呼びかけ、'Thank you for your help.' あるいは 'Thank you.' と書いたあとに 'Regards,' と付けて、リスペクトをこめて返事をします。同様に、別のスタッフが以前、私の指示に対しての返事のメールで、'Noted.' とひと言だけ書いてきたことがあります。彼女に、どういう意図でそういう書き方をしたのかたずねたところ、「かしこまりました」という意味で送りました、という予想通りの返事がきました。しかし、ニュアンス的には単に「了解」とも取れるものですから、上司に対する返事としては、不適切といえます。このような場合、外国人は 'Dear 誰々,' とまず呼びかけ、'Yes, I will do.' や 'Sure, understood.' などと返事をすることが多いです。そして、その後に 'Regards,' または 'Thank you.' とひと言添え、やはり丁寧な返事を心がけているようです。ニュアンスの重要さを理解して気をつけたい点です。

⑼　メールの終わりの言い回し

日本語で言ういわゆる「何卒宜しくお願い申し上げます」という文章の締めにあたる決まり文句は何と言うでしょう。よく見るのは 'Your cooperation（あるいはassistance）is highly appreciated.' や 'Thanks for your continued assistance.' とか 'Thank you for your help as always.' 等です。「引き続き宜しくお願い申し上げます」というニュアンスで 'Look forward to discussing with you further.' という言い方も使いますし、「もし何かご質問ありましたらいつでもご遠慮なくご連絡ください」というニュアンスで 'Should you have any questions, please do not hesitate to contact us.' であるとか 'If there is anything we can help you with, please let us know.' という言い方が一般的であると思います。

⑽　その他の言い回し

ではその他ビジネスコミュニケーション上でよく耳にする簡単な言い回しをニュアンスに着目して挙げてみたいと思います。

(i) It is good, but not for me.

第一章で外国人が何かを否定する時は日本人がイメージするように直接的に'No'というのではなく、相手に対してリスペクトを示しながら否定すると書きました。ビジネスの場でなにか案を出されたがそれを拒否する場合、単純に'No'というのではなく、常にその案の中で理解できる部分、共感できる部分を示して一定の評価をした上で、しかしながら受け入れられない、という言い方をよくします。相手との力関係によっては、直接的に'No'ということももちろんあるでしょう。しかしながら、継続的取引関係を目指す取引先との交渉においては、合意に至るかどうかは常にその時のビジネス環境だったり、会社の戦略的なものだったりなにかしら事情があるわけですから、正しい答え、間違った答えがあるわけではありません。従って相手から出された案を否定するのではなく、案としては評価するが、自分にとっては通用しないという言い方をしてカドを立てないようにしているのです。

(ii) It is not the best way to...

これも(i)と同様ですが、何かの案を協議したが結果として取り上げるに至らない場合、その案がおかしいとか問題があるなどと上から目線で断定して却下するのではなく、ベストの案ではないから却下するというような言い方をします。つまり他にもっとよい案があったからその案は取り上げるに至らないという論理です。

または、誰か他の人なり企業がなにか戦略を立てたり事業をしたとしましょう。それを見てどうにもおかしいと思われるとき、それをあからさまに「あの事業はおかしいね」と否定するのではなく、「あれは彼らにとってベストの事業ではないね」というような言い方をするのです。

ⅲ　It is my view.

これも議論などをしていて意見が合わない時によく使う言い回しです。相手に対して自分の意見を押し付けるのではなく、あくまでも自分個人の考えであるがと断ることによって、それを受け入れるかは相手の裁量に任せようとする時の言い方です。別の言い方をすれば、人は皆それぞれ独自の考えを持っており、判断基準も異なるという考え方から、自分とは異なる考え方を尊重しながらも自分の考え方をはっきり明示する言い方になります。

ⅳ I(will) do what I can.

同僚や取引先などからなにか依頼を受けた時、期待に応えられるか確証がない場合によく使われる言葉です。'I(will) see what I can do.' という言い方もしますが、自分のできる範囲で精一杯するが、絶対にできるという確約はしていません。もしできると確約して、それで結局できないとなった場合には、責任問題になる可能性もあるので、そういう事態を避けるためには確約することを避ける場合に使います。または、押し付けられた依頼の場合、自分でやるべき事はわかっているのだから放っておいてくれ、というニュアンスで使うこともあります。

ⅴ I'm telling you.

こちらがなにかを相手に対して説明したり、説得しようとしているにも拘わらず相手がどうしても納得しない場合に、半ば強制的に受け入れさせたい場合に使います。'I mean it.' という言い方もありますが、このほうが「この自分が言っているのだから、理解しろ」という妥協を許さないような強い意志を伝える言い方になります。

(vi)　I take a view.

ビジネス取引においては、本来では受け入れがたい条件であるが、取引関係上の理由や、戦略的な理由により受け入れやむなしと判断せざるを得ない場合は多くあります。たとえばリスクがあると思われるが、そのリスクは現実的には問題化する可能性が低いと思われることから、そのリスクを取って相手の条件を呑もうと判断するような場合です。直訳すれば「ひとつの見方を取る」というような意味になりますが、この短い一言で、相手にもこちらが妥協をしたのだということが伝わる言い方です。

以上色々な言い回しを挙げてみましたが、日常生活において普段使うような簡単な言い回しでしかないのに、ビジネスの場でも多く使われ、通用していることがわかると思います。もっと他にも言い方がある、とかもっと良い言い方があると思う読者の方もいらっしゃるでしょう。当然であると思います。使う言葉は人それぞれですし、色々な言い方は各自の経験の中で身につけていけばよいのだと思います。前述したような簡単な言い回しを見て「なんだビジネスの場でもこんな程度で良いのか」と感じ、身構える必要はないのだということを理解していただければと思います。

ジェスチャーの効用

日本人と外国人の表現力の違いについてはこれまでも何度か触れてきました。外国人のコミュニケーションを見ていると、顔の表情も豊かで、身振り手振りのジェスチャーが多いのがわかります。最初は大袈裟《おおげさ》だなあと思うのですが、外国人と接する時間が増えると、誰でも間近に目にする外国人の顔の表情の作り方やジェスチャーなどが、なんとなくうつってきたりするので不思議なものです。一方で外国人のジェスチャーを積極的に真似しようとする日本人がいますが、そういう人はコメディアンを見ているようで、なんとなく身についたジェスチャーではなく滑稽に見えることもあります。おそらくそれは表面的な部分しか真似していないからではないでしょうか。外国人のジェスチャーにはそれぞれ意味があるわけです。たとえば何かを強調したい時、何かに感動した時、何かにショックを受けた時など、気持ちの動きに反応して体のどこかが動き、ジェスチャーとして表れるわけです。それを理解せず目に入る体の動きだけを真似しようとするから見ていて恥ずかしくなるような人が出てくるのではないでしょうか。無理をして真似をしなくても外国人と接する時間が増えれば、外国人のジェスチャーを作る仕組みがわかってきて、自然と無意識のうちに自分も同じように反応するようになってくるわけですから、単純に真似をするのではなく、じっくり外国人のジェスチャーを観察して何故そういうジェスチャーになるのかを理解することから始めればいいのではないかと思います。

この項ではたくさんある外国人のジェスチャーの中から、特にビジネスコミュニケーション上重要と思われるものについて触れてみたいと思います。

(1)　会った時に口角を上げてニッ

ビジネスの場でもプライベートの場でも同じですが、外国人は知った人と道ですれ違ったり、出会ったりした時に必ずニッと笑います。相手が知っている人でなくても、場合によっては目が合ったときに同じようにニッとすることもよくあるほどです。ビジネスの場では、たとえばなにかのレセプションであったり、立食パーティなどの場で出会う場合は、相手が同じ業界にいる人間であることがわかっていますし、どこかでビジネスの関わりを持つことになるかもしれない。ですのでなおさら愛想をよくしておこうという気持ちがあるのかもしれません。見知らぬ相手でも目が合ったらニッ、自己紹介して握手をする時もニッ、話をしながら目が合えばニッとします。日本人同士ではそこまで目を合わせてニッとせず真面目な顔をしていますので、日本人と比べて外国人の表情の豊かさで一番違いを感じるところです。でも考えてみれば、ニコッともせずに相手に「なんか暗い人だなあ」と思われては損ですし、コミュニケーションに悪影響を与えてしまいます。筆者もこの表情の作り方は見習うべき部分だなと思い、どうやっているのかと思ってずっと見てきました。

よくよく観察していると面白いことに気がつきます。初対面の人やまだあまり親しくなっていない取引先などの人は、挨拶の場や会話中にニッとはしますが、よく見ると目は笑っていないのです。単に誰でもかれでも相手に対してニコニコしているわけではなく、一見ニコッとしているように見えて、実は相手に心を開いてはいないことが目を見ているとわかります。ではどうやっているのでしょう。実はそんなに難しいことではないのです。唇の両側をニッと引き上げているだけなのです。そうすると口角が上がり、相手を受け入れているような柔和な表情になる。それだけで十分なのだとわかります。本当に親しい相手であれば目も一緒になって笑いますが、そうではない相手に対してはそこまでしておらず、それでいて次のコミュニケーションに続ける雰囲気を作れる。単純なことなのです。

(2) しゃべる時のメリハリ

ビジネスの場では会議で自分の主張を相手に伝えたり、顧客や社内でプレゼンテーションをするなど、自分の発言に説得力を要する機会がたくさんあります。日本では言葉も平坦であまり抑揚もなく発言をする人も多いですが、外国人は総じてしゃべり方に強弱をつけるなどしてメリハリをつけ、それに伴いジェスチャーを交えるところに、日本人との違いを感じます。聞いている立場からすると、全く抑揚なくただずらずらと並べる発言を聞いていても説得力は感じませんし、発言の内容も頭にすっきり入ってこないでしょう。わかりやすい例では、政治の世界での日本の党首討論とイギリスの党首討論の違いがあげられます。日本の党首討論は、お互いに自分の党の主張をし、それに対抗する党が疑問点や矛盾点を突いたり自分の反対意見を述べるのですが、しゃべり方に全く抑揚もなにもなく、スピードも一定、しゃべっている言葉に気持ちが全く伝わってきません。一方イギリスの党首討論の場合は毎回丁々発止、身振り手振りで主張をし、相手も真正面からそれに対して強烈に反論する。声を強めるところ、声を弱めるところ、真正面から主張がぶつかってもお互い怒鳴りあうわけでもなく、時には絶妙のジョークを交えながら、やりあっている様子はひとつのトークショーとしても成り立つのではないかと思えるほどです。外国人のしゃべる時のメリハリの付け方はやはり見習いたいところです。

では具体的にはどうやっているのでしょうか。発言をする自分は当然ながらどこが重要なのか、どこが最も伝えたい部分で、どこが補足説明なのか、どこが聞き流してもらってもかまわない部分なのかなどの構成を知っているわけですから、その重要度の程度によって声の強さや話すスピードに変化をつけているのです。一番伝えたい部分では特に声を大きく、ゆっくり、時には繰り返す。そうやって、聞いている側にそこが重要なのであることをはっきり意識付けさせようとしているわけです。またその重要な事柄がしっかり相手の意識の中に入って欲しいという気持ちから手が力強く動くようなジェスチャーになっているのです。話の中で何点か例示をする場合や、複数の案を紹介する場合も、話しながら1つ目、2つ目、3つ目というように指を折って具体的に数を示す。あるいはなにか程度の高さの話をしている場合や比較の話をする場合に手でそれぞれの高さを明示したりする。発言内容に合わせてそういうジェスチャーを加えることによって、聞き手に対してメリハリをつけられるだけでなく、耳に入れる情報を視覚的に補助することになり、よりよく理解させたいという気持ちがジェスチャーに繋がっているのです。これらも実に単純なことであると思います。

ちなみにそういう手を使ったジェスチャーを交える場合、外国人を見ていると、皆必ず胸より上、更には肩より上の位置でジェスチャーをしています。我々日本人が真似をしようとしても慣れるまではジェスチャーを交えることに照れがあったりして、体の下の方でジェスチャーしたりしてしまいがちですが、その位置でのジェスチャーは相手に、遠慮がちであるように映ったり、自信が無いように映ったりしてしまいます。せっかく説得力を持たせるためにジェスチャーを交えているのに、これでは十分な効果がありません。たとえば道で出会った時などに「やあー」と手を挙げる時、腰のあたりで右手を挙げるよりは、肩より上に挙げたほうが元気よく見えますね。ジェスチャーを交える目的は相手にインパクトを与えることですから、堂々と振る舞っていると相手に思わせるためにも、肩より上という位置づけは常に心がけたいところです。

(3) 自信を持った振る舞い

語学に自信がない人が話をする場合、ほとんどの人が声が小さくなるか早口になるのをよく目にします。これは本能的なことだと思いますので仕方ないと思います。しかしながら、これは自信がないことをあからさまに相手に示してしまいますし、ミーティングの場でもほとんど聞き取れないぐらいの声で発言するのはビジネス上も決してメリットのあることではありません。筆者は、日本から出張で来る同業者と筆者の外国人の同僚を交えてミーティングをすることがあります。会話は全て英語になるわけですが、そういう場合に日本語だと普通にしゃべっているのに、英語になると途端に自信なさげになり、聞き取れないぐらいの小さい声で英語をしゃべっている人がよくいます。筆者の外国人同僚は、ネイティブスピーカーでない日本人が英語が上手くないのは十分承知しており自信がないのも十分理解できるのに、何故そんなに卑屈になるのかと聞いてきます。彼らには、語学に自信がないのではなく、ビジネスをすることに自信がないように映ってしまうのです。

外国人は自信がなくとも知らん顔をしてはっきりゆっくり話をし、自信がある話をする場合とあまり違いを感じさせません。前章で書いたように、「言った者勝ち」の考え方であり、たとえ実は根拠が薄く説得力に欠ける事を話していても、自信満々に話をされると説得力があるような錯覚を起こすこともあるという、ひとつの効果的なビジネスコミュニケーション術であるといえます。

第五章　日本人として避けたい行動

日本人だけでつるむ

おそらく日系企業の海外駐在員によくある現象だと思いますが、日本人は同じ日本人同士でいつもくっついている様子をよく見ます。ほとんど外国人スタッフと交わることをせず、朝から晩まで社内では日本人とばかり日本語で話している。ランチも日本人同士で日本食を食べ、読む新聞や本も日本の物ばかり。仕事の後飲みに行くのも日本人とだけで日系のカラオケ屋に行ったり、週末も日本人だけでゴルフに行ったり遊びに行ったりする。傍《はた》から見ていると一体何のために海外にいるのかと思ってしまいます。これでは英語も上達するわけがなく、駐在している国の事情や文化などに触れられるわけもなく、外国人とのコミュニケーションができるわけがありません。異国に来ている意味が全くないと思います。

他の国籍の人で、これほど同じ国の人とばかりつるんでいる人はあまり見たことがありません。たとえ同じ国からの人が二人しかいなかったとしても、その二人がいつも一緒にいることはなく、たまに話をする以外はそれぞれが別々の人とつるんだり、話したりしています。ですから外国人からすると「何故日本人はいつも日本人としか一緒にいないのか」ととても不思議に映るようです。そういう日本人だけの輪は、外国人スタッフからすると中に入りにくい雰囲気を醸し出していますので、結局外国人も敬遠するようになってしまい、お互いのコミュニケーションが断絶してしまうという状況になっていたりします。

筆者が日系駐在員だった時に、筆者に対して「何故外国人とばかり付き合っているのか」と聞いてきた同僚は、逆に彼らは何故いつも日本人とばかり一緒にいるのかという問いに対して「日本から離れているし、日本人同士の情報交換をしないと日本の現状に疎《うと》くなるから」と答えてきました。しかしこれは詭弁《きべん》だと思います。今の時代、日本の情報はオンラインなどでいくらでも入ってきます。それにたかだか5〜6年程度の駐在期間で多少は日本の現状に疎くなったとしても、いくらでも後で取り戻すことは可能であると思います。やはり日本人だけでつるむ本当の理由は「そのほうが楽だから」ということでしょう。でもこれでは何も身につきません。

過去の多くの日本からの駐在員がそうだったせいか、外国の現地人はこの真意を見抜いています。加えて言えば、5〜6年で帰国する駐在員の中にはその期間中は思い切り遊んで帰ろうという腰掛け気分で駐在している人がいることも見抜いています。そういう人は言動を見ていれば明らかなので、現地人スタッフたちはそういう人に対して当然本音で接してくることはありません。せっかく駐在員として選ばれた身であるし、その会社を代表して海外のオフィスに派遣されているわけですから、限られた時間であればこそ逆に目一杯その時間を有効活用すべきだと思います。

外国人を見下す

海外で生活していると、どうしても日本に比べると色々なシステムが効率よくできていなかったり、現地人担当者の処理が遅い、要領が悪い、考えが足りないという場面に出会うことがあります。日本のビジネス習慣からすると、確かに事務処理のスピード感に欠けるし、効率悪いしイライラしたり頭にきたりすることは日常茶飯事なのですが、そういう場面であからさまに相手の外国人同僚や取引先を見下すような態度をとったり、陰で悪口を言ったりする日本人をよく見ます。でもこれは傲慢以外の何物でもありません。内輪の日本人同士で愚痴を言ったりすることはあるでしょう。でも対外的にそれを態度に出すのは自分自身の人間性を疑われるということに気がつくべきだと思います。

一部の海外駐在員の人は選ばれて赴任して来ていることでエリート意識があったり、日本に対する愛国心がとても強いのかもしれません。でも現地の人が受け入れてくれるからこそ自分たちはその国に滞在できるのであり、その国の人とビジネスができるのであるという基本を忘れていないかと思う時があります。現地には現地のやり方やスピードがあり、それは生活習慣や文化や歴史などで異なってきます。「郷に入れば郷に従え」ということを忘れ、あたかも自分の国にいるかのように思い上がった振る舞いをしていてはビジネスもうまくいくわけがありません。

また海外で仕事をしていると様々な国の人々と出会う機会があります。必ずしも先進国の人ばかりではなく貧しい国や発展途上の国から来ている人もたくさんいます。国籍を聞いたり、相手の国のことを尋ねるのは問題ないですが、相手の国を差別したり馬鹿にするような言動をしないということは、ビジネスをする云々の前に人間として当然のことであると思います。貧しい国や発展途上の国から先進国に来て働いている人々で、我々が仕事上のビジネスパートナーとして出会うクラスの人々は、出稼ぎではなく、祖国に帰れば実は相当にレベルの高いエリートであったりすることが多いのです。出身国だけで偏見を持つという事は絶対にしてはいけないことだと思います。

ある日本人スタッフは、外国人と議論をするといつも「これは常識だ」と主張します。しかしながら、これはもっとも説得力のない主張だといえます。つまり、彼の主張は、彼の常識なのか、日本人の常識なのか、業界の常識なのか、世界の常識なのかが、まったくはっきりしません。外国人と日本人では考え方や思考方法に違いがある以上「常識」というひとことで物事を片付けることは、外国人とのコミュニケーションにおいては成り立ちません。

やはり相手が誰であろうと、どこの国の人であろうと、常に謙虚に誠実に真正面から相手を受け止めることからビジネス関係は始まると考えるべきだと思います。

外国人ぶる

ある程度海外滞在の経験の長い人や英語が上手いと自覚している人の中には、あたかも自分が外国人になったかのように振る舞ったり、他の日本人を一切無視したりする人がいます。筆者も自分の過去を顧みれば、日系駐在員時代は他の日本人同僚を「無視」は絶対しなかったものの、いつも外国人とくっついていたので、一部には「外国人ぶっている」と映っていたかもしれないと反省しています。自分の失敗体験があるからこそ、他の日本人には同じ間違いをしてほしくないと思います。幼少から海外でずっと生まれ育っている人であれば、顔は日本人でも考え方は外国人になっている人もいるでしょう。でも生まれてから学生時代まで日本国内に育ってきた人が、留学したり海外駐在したからといって、それもせいぜい5〜6年ぐらいの短い期間は言うまでもなく、たとえ10〜20年海外にいたとしても外国人にはなれるわけがありません。筆者の周りにもイギリス人と結婚し、イギリスに永住するのだろうと思われる日本人の知人がたくさんいます。でも彼らは決して

「外国人」になっていないですし、「外国人ぶって」もいません。それでよいのです。日本に戻ってからや日本人と話している時にも大げさにジェスチャーを交えたり、わざと英語式のアクセントで発音したり、事あるごとに「外国では」などと話す人はとても見苦しいと思います。

そういう振る舞いをビジネスの場に持ち込んでしまうと、自分はあたかも外国人のような気分でいるでしょうが、相手の「本物の」外国人からすると、日本人でもなく外国人でもなく、なんとも中途半端な奇妙な人種にしか映らないのです。従って、同じ土俵に上がって対等にやりあっているつもりが、実はその振る舞いを見た段階から既に相手になめられているという事態にもなりかねません。それではビジネスの交渉を有利に進めることなど不可能です。

筆者もイギリスに20年近く住みましたし、ドイツ系銀行のロンドン支店で長い間勤めましたが、勤務先の銀行が筆者を現地人として意識して雇っているとは思いません。本当に現地人のカルチャーとスキルが必要であれば、筆者ではなく現地人を雇うはずですし、これだけ長く勤務していようと、筆者は日本人であることに変わりはないのです。ただし、筆者は純粋に日本人として日本人のやり方で生きているのではなく、長くロンドンに住んだことによって日本と現地と両方の考え方を理解しているというメリットを利用して存在価値を認めてもらったのではないかと思います。

海外に長く住んでいる人は皆同様の経験があると思いますが、長く日本を離れていて、たまに日本に帰省して国内の人々と会話していると、日本語の単語を忘れていてすぐには英単語しか頭に浮かばないことがあります。しかしそういう時でも筆者は、なるべくそのまま英単語を口に出すのではなく、なんとか日本語で言い換えるようにしています。無遠慮に英単語を日本語の会話に混ぜたり、ましてや英語式のアクセントで発音したりすることは絶対に避けようと思っています。どんなに日本を離れていても自分は日本人であるという意識を持っていますし、日本国内の人と話す時に英単語を混ぜてしゃべる必要は全くないと思うからです。

海外滞在が長いのであれば、日本人としての長所、短所そして外国人の長所、短所をしっかり見極めることができるわけですから、それぞれの長所をうまく融合できる人が一番海外で通用すると思います。外国人は皆自分の国を誇りに思いプライドを持っているのですから、我々日本人も日本人である事に対する誇りとプライドを負けないぐらい持ち、変に外国人に媚びたり真似したりするのではなく、堂々と日本人を前面に出していけばよいのだと思います。

聞かれても意見を言わない

これまで、日本人は外国人とのミーティングや議論する場にいるとたいていは発言をほとんどすることもなく、黙ったままでいる人が多いことを書いてきました。しかしながら、実はこれは日本人だからという問題ではなく、おとなしくてほとんど発言をしない人は外国人にもたくさんいるのです。それに普段はよくしゃべるのに我の強い上司の前では急に黙って何もしゃべらない外国人もたくさんいます。前述した筆者の外国人の上司は、普段はうるさいぐらいにひたすらしゃべり続ける人ですが、自分の都合の悪い話題になると別人のようにぴたっとしゃべらなくなり、突然存在感を消してしまいます。ですから、発言が少ないこと自体は実はそんなに深刻に捉える必要はないと思います。

気をつけなければいけないのは、どんなにおとなしい外国人でも「君はどう思う」と話を振られた時は、きちんと自分の意見を言っているということです。日本では、発言の多い人は自分でどんどんしゃべって、発言の少ない人の存在を無視するような人もいますが、外国のミーティングなどの場では、発言が少ない人に対しても発言する機会を与えてみようと話を振ってくることがよくあります。振られた時に何も答えず、何の意見もないことが実は一番良くないのです。外国人からすると発言も少なく、表情からも考えを把握しにくい日本人と接した時は、この人は果たして話の内容を理解しているのだろうか、それとも単に発言するきっかけがつかめないだけなのだろうか、よくわかりません。そこで敢《あ》えて発言の機会を与えてみた時に何も発言しないと、その人は何もわかっていない人なのだ、何も考えていない人なのだと捉えられてしまいます。

話の内容によってはどっちでもよいじゃないか、という話も多くあるでしょう。どっちでもいいから特に発言することもない、という場合もあるでしょう。外国人でも 'I'm indifferent.' という言い方でどっちでもよいと言う場合はあります。ただ、何故どっちでもよいのか、何故いくつかの選択肢がそれぞれ良いと思うのか、あるいは悪いと思うのかの理由付けがその後に続きます。「強いて言えば」と繋げて、もう少しつっこんだ意見を言う場合もあります。「どっちでもいい」と答えて「なんで?」と聞かれたときに「べつに」では話にならないのです。ですから、自分から発言することができなくても、発言を求められた時には最低限しっかり自分の意見を言えるように、まわりの議論を聞きながら自分なりの考えをまとめておくことが重要であると思います。

第六章　コミュニケーション力向上に英語力は必要か

ここまで、英語力はあるに越したことはないがそれ以上に重要なのはコミュニケーション力であるということを詳細に書いてきました。一方で、それはわかるが、では一体どうやったら最低限不可欠なレベルの英語力を身につけることができるのかという疑問が湧き出るのももっともだと思います。確かに英語力があればあるほど、相乗効果としてコミュニケーション力の向上にも寄与しますし、逆に一言も英語がしゃべれなければいくらコミュニケーション力があっても、それを活かすのは難しいかもしれません。

そこでコミュニケーション力を活かせるようにするためにはどうやって一定レベルの英語力を身につけたらよいか、という点について筆者の見方を述べてみたいと思います。英語に拘わらず語学を勉強する上では、いわゆるヒアリング力、読解力、そして話す力を総合的に勉強、訓練しますが、日本人には話す力が一番欠如しているのははっきりしていると思います。しかしながらこの話す力を向上させるのが一番難しい。それは話す力を訓練することのできる環境が日本はまだまだ乏しいからだと思います。今の日本の教育システムでは、まだまだ生の英語を教えることのできる教員も足りないと思いますし、教える場所も不十分だと思います。

ただし、そういう未熟な環境の中でも読む力や聞き取る力は独自につけていくことは可能なはずです。今の時代、ケーブル放送や映画などで生の英語が聞ける機会はたくさんありますし、英字新聞や雑誌、インターネットを駆使すれば英語を読む機会もたくさんあります。英語は接する機会の多さに比例して上達していくものですから、自分で積極的にそういう時間を作っていけば間違いなく上達していくのです。

そういう中で効率的に英語でのコミュニケーション力をつけるために必要なものは、筆者の経験ではヒアリング力と単語力であると思っています。しゃべるのはその後でもよい。外国人とコミュニケーションを図ろうとする場合、相手の言っていることが何一つわからなければ、こちらから何も答えることができません。たとえしゃべれたとしても、相手の返事が理解できなければ、コミュニケーションはそれ以上発展しません。ですからたとえしゃべれないとしても、まずは聞き取りの力を上げる努力をすべきだと思います。

筆者が1994年にロンドンに行った当初は、イギリス人の話す英語はなんとかわかりましたが、インド人の話す英語が最初全く聞き取れませんでした。普通は2度言ってもらえば聞き取れるものを、インド人の場合は何度言い直してもらっても全く聞き取れなかったのです。でもそれが数ヵ月、数年と接していくうちに聞き取れるようになっていったから不思議なものです。

インド人の英語など特殊な場合は別ですが、やはり基本は映画や英文放送などを積極的に数多く聞いて、とにかくヒアリングに慣れることだと思います。そして並行して単語をどんどん覚えていく。英字新聞やインターネットの英字ニュースを毎日読んで毎日5個でも10個でもよいから自分の無理のない範囲で単語をどんどん覚えていくのです。その積み重ねが重要なのであると思います。知っている単語量が増えれば、耳に入って頭に残る単語の量も増え、ヒアリング力も相乗的に向上していきます。そうすれば翻訳されて入ってきた情報でなく、海外の生の情報に触れる機会も増えますので、自分にとっても入手できる情報量は格段に増えることにも繋がるのです。

筆者はイギリスに赴任した時以来、いまだに単語帳を作っています。イギリスに行った当初に作ったノートはもうボロボロになってきましたが、いまだに毎日毎日単語帳に単語を加えて覚えています。さすがに全く出会ったことのない単語というのは少なくなったけれどもゼロにはなりません。それに覚えても全く使わない単語はどんどん忘れていくのが当たり前です。ですから単語帳には覚え切れていない同じ単語が何回も登場したりします。でもそれでもよいのです。覚えられなければ、覚えるまで書く。4回でも5回でも、何回でも覚えられるまで登場させてよいのです。

知らない単語をマメに抜き出して辞書で調べて単語帳に書いて覚えるというのは面倒な作業です。しかしながら楽をして覚えられるほど語学は甘くはありません。やはり「原典にあたる」ということを常に心がけ、手抜きをせずに単語量を増やしていくべきだと思います。

ちなみに筆者は電子辞書は、一度覚えて見覚えがあるが覚え切れていない単語を思い出そうとする時だけ使い、新しく目にした単語は普通の紙の辞書を使います。電子辞書は便利ですが、メモリーの関係からか紙の辞書に比べると微妙なニュアンスの違いまでは掲載していないことが多いと感じるからです。筆者は辞書とは日本語の意味を調べるだけでなく、付随して掲載されている例文を見たりニュアンスを調べたりするほうが重要であると思うのです。見覚えのある単語が出てきて、「これ前一度覚えたな」と思われる場合は電子辞書を見れば覚えた意味とニュアンスを思い出すことができる。ところが新しく目にする単語は、ニュアンスがわからないのでしっかり紙の辞書で覚えようということです。

いずれにしても、単語さえ頭に入っていれば、最悪単語を並べるだけでもコミュニケーションはできます。相手の言っていることを聞き取ることができて、それに対してたとえ文法がおかしくても使っている単語が妥当なものであれば、それで一定の会話は成り立つのです。もしこちらの使った単語がおかしく相手が理解できなかったとしても、別の単語や言い回しを知っていれば、補足的に似た意味の単語を駆使して言い換えることにより自分の言いたいことを伝えることができる。本書の冒頭で紹介した筆者の上司のフランス人役員の例を思い出していただければわかると思います。彼のしゃべっている英語は文法はいい加減だし、アクセントもめちゃくちゃ。でも使っている単語は正しいので、英語のコミュニケーションとしては成立しているわけです。

ですから、もし英語力がないとしても決して諦めることなく、地道に単語を覚えヒアリング力を鍛え続けることによって、コミュニケーション力を最大限に活かしていただきたいと思います。英語力の向上やコミュニケーション力の向上に近道はありません。毎日一生懸命勉強していても、一直線にどんどん身につくと感じるものでもありません。スイスイ吸収できているなと感じる時期もあれば、階段の踊り場のように停滞感を感じる時期もある。その繰り返しです。それでよいのです。誰もがそうやって力をつけていったのですから、焦ることなくコツコツ持続して勉強していっていただきたいと思います。そうすればある日気がついたらずいぶん身についていると感じるようになるのです。

あとがき

本書では、筆者の経験から感じた海外で成功するために役立つと思われることを、なるべく多くの実例を交えながら書いてきました。海外に出て活躍している多くの日本人の方々は、色々な国で、それぞれ違った環境や立場で様々な経験をしていますから、本書で述べた事はおそらく海外で成功するための秘訣としては一部でしかないと思います。しかしながら、海外にいる日本人のどの人に聞いても、以下の3点は全ての基本として誰もが意見が一致するのではないかと思います。

1　海外での成功の秘訣は英語力ではなくコミュニケーション力である
2　英語は意思を伝えるためのツールでしかない
3　海外のやり方や考え方に順応し、日本人ならではの良いところをうまく融合させることが重要である

筆者はこれまで、上記の考え方を常に心がけて外国人とコミュニケーションをとってきました。ドイツ系企業のロンドン支店で唯一の日本人として15年生き抜いてこられたこと、その後日本マーケットの総括責任者として東京支店長に任命されたこと、さらに筆者の健康問題から支店長職を退任した後も、顧問というポジションを新たに設置し、依然必要としてくれていることを考えると、筆者のやり方は外国人スタッフや上司に認められたのではないか、筆者の考え方は間違ってはいなかったのではないかと思います。

海外に進出しようという日系企業は多いですし、これから海外での活躍を目指している日本人もたくさんいると思います。しかし海外に行く前に語学力を磨く学校はたくさんあってもコミュニケーション力を磨く学校というのはまだまだ少ないと思います。多くの人は、実際に海外赴任や留学が決まった後、現地に行ってから初めて生活の中でコミュニケーション力を身につけていっているのではないでしょうか。コミュニケーション力というものは個々の人間力の上に知識と経験が合わさってでき上がっていくものであると思いますので、そう簡単に身につくものではないですし、語学のように教本などもあるわけではありません。よって試行錯誤しながら身につけていくうちに、どんどん時間が経ち、ようやく身について自信が出てきたころにはもう赴任期間や留学期間が終わって日本に戻る時期になってしまうというケースも多いのではないかと思います。実にもったいないと思います。

筆者としては、そういうコミュニケーション力を理解し、勉強する環境がもっと日本で広がらないものかと願っています。これまではそういうことを教える経験者が日本には少なかったのも、環境が整わない原因だと思いますので、今後海外での経験を持つ日本人が増えていくに従って、国際コミュニケーションを教える場が広がり、誰もが海外に行く前にしっかり研修を受ける機会が増え、海外に出た暁には即戦力として通用するようになる、そういう環境になってほしいと思います。筆者も自分の経験を活かし、微力ながらでも貢献できればと願っております。

筆者も本来であれば、この本で述べた多くのノウハウやテクニックを心がけながら、自分自身もっともっと国際ビジネスの中で外国人とやりあっていきたかったところです。しかしながら筆者は２０１３年にイギリスから19年ぶりに帰国した直後、進行性の神経難病であるＡＬＳ（筋萎縮性側索硬化症）を発症しました。頭や脳には全く影響はないものの、全身の筋肉が徐々に萎縮して麻痺していくこの難病のため、仕事を続けられる体ではなくなってしまいました。２年半ほど車椅子に乗りながらドイツ系銀行の東京支店長職を続けましたが、今では首から下の筋肉がほぼ全て麻痺し、書くこともタイプを打つこともできません。声を出すこともできなくなってきており、もっぱら寝たきりの毎日です。これではどんなに頭が元気でも、思うように仕事はできません。

残っている体力で筆者にできることは、自分が持っている経験や知識を同じように国際ビジネスに関わっている方々や、これから海外に飛び出して行かれる方々と共有し、皆様の外国人とのコミュニケーション力向上のお手伝いをする事であると思います。この本には筆者のそんな願いと期待が詰まっています。

この本で述べたことは、誰にでも通用することです。外国人は日本人と同じ人間であり国籍が違うだけなのですから、日本でやっているのと同じことを外国でやってかまわないのです。その上で、受け入れてもらえること、受け入れてもらえないことを、ハッキリ見極めて、外国人の良いところをどんどん採り入れて、そうやってコミュニケーションを深めていけば、言葉なんてものは後からついてくるのです。ですから、これから海外に行きたいと思っている方も、既に海外にいらっしゃる方も、仕事をしている方も、仕事をしていない方も、開き直って、どんどん海外の人たちのあいだに入っていってください。限られた人生ですから、まだ元気なうちに。筆者のように病気になって、やりたくてもできない人もいますから。チャンスを逃さずに、思い切って、挑戦してみてほしいと思います。

最後になりましたが、書き溜めた原稿を世に送り出すきっかけを作ってくださり、多大なご協力とご助言をいただきました、作家でThe BBB: Breakthrough Bandwagon Books編集長の清涼院流水氏と、奥様の珠美氏に、この場を借りて厚く御礼申し上げます。
また、体が動かなくなった筆者に代わり原稿チェックを全面的に手伝ってくれた妹の渋谷奈津子にも感謝したい。

２０１６年６月

久保マサヒデ

本書は二〇一六年四月、電子書籍として刊行された
『脱・英語力神話』Ｖｏｌ．１、およびＶｏｌ．２
を文庫収録にあたり、修正を加えたものです。

久保マサヒデ

1965年、イギリスのロンドン生まれ。

2歳で日本へ戻り、高校時代はブラジル、リオデジャネイロのアメリカン・スクールで過ごす。

帰国して京都大学を卒業。1988年に日本長期信用銀行に入行し、94年からロンドン支店に勤務。98年にドイツ系銀行に転職後、同社のロンドン支店に15年勤務。2002年、ロンドン大学でMBA(経営学修士)取得。2013年帰国後、2年半東京支店長を務め、現在は同支店のアドバイザー職にある。

帰国直後の2013年春、神経難病のALS(筋萎縮性側索硬化症)を発症し、現在も闘病中。

講談社+α新書 739-1 C

本《ほん》物《もの》のビジネス英《えい》語《ご》力《りょく》

久《く》保《ほ》マサヒデ

2016年8月18日第1刷発行

発行者―――― 鈴木 哲
発行所―――― 株式会社 講談社
東京都文京区音羽2-12-21 〒112-8001
電話 編集(03)5395-3522
販売(03)5395-4415
業務(03)5395-3615

デザイン―――― 鈴木成一デザイン室
カバー印刷―――― 共同印刷株式会社
印刷―――― 慶昌堂印刷株式会社
製本―――― 牧製本印刷株式会社

定価はカバーに表示してあります。

落丁本・乱丁本は購入書店名を明記のうえ、小社業務あてにお送りください。

送料は小社負担にてお取り替えします。

なお、この本の内容についてのお問い合わせは第一事業局企画部「+α新書」あてにお願いいたします。

Printed in Japan
ISBN978-4-06-272954-3